Rudolf Erhard

Edmund Stoiber

Rudolf Erhard

EDMUND STOIBER

Aufstieg und Fall

Fackelträger

Foto auf S. 223: Copyright © Michael Trippel / Ostkreuz

Satz: Bild1Druck GmbH, Berlin

Gesamtherstellung: Verlags- und Medien AG, Köln
Printed in Germany

ISBN 978-3-7716-4385-0

www.fackeltraeger-verlag.de

Inhalt

Kapitel 1

»Lauf, Edi, lauf« – Die frühen Jahre

Ein holpriger Fußballplatz in Brannenburg am Inn. Das Finale der Oberbayerischen Schülermeisterschaft 1955. Es stehen sich gegenüber der ASV Kiefersfelden und der hohe Favorit 1860 Rosenheim. Sekunden nach dem Anpfiff schnappt sich ein langer, schlaksiger Blondschopf den Ball und treibt ihn nach vorne. Keiner greift ihn an. »Lauf, Edi, lauf! – Schieß!«, peitschen ihn seine Mitspieler nach vorn. Überrascht zieht der unbedrängte Spieler ab. Ein spitzer Schuss, der unter der Latte scharf einschlägt. 1:0 in der ersten Minute. Es bleibt, nach einer schier unglaublichen Abwehrschlacht der Kiefersfeldener, das einzige Tor. Der ASV Kiefersfelden ist völlig unerwartet Oberbayerischer Schülermeister geworden, das Spiel hat einen Helden aus dem Nachbardorf Oberaudorf, den Torschützen Edmund Stoiber.

Oft und gern hat dieser die Geschichte erzählt. Da leuchten seine Augen, er berauscht sich noch einmal an diesem Höhepunkt seiner jugendlichen Fußballkarriere. Er der Mittelläufer und Libero war nie ein filigraner Techniker, aber einer mit guter Kondition und starkem Willen. Ein fuchtelnder Stocherer mit langen Beinen, groß und sicher mit dem Kopf. Nie mehr habe er sich körperlich so verausgabt wie damals als 14-Jähriger, ihm sei nach dem Schlusspfiff schwarz vor Augen geworden, berichtet Edmund Stoiber. Er erzählt lebhaft, von freudigem Stolz durchdrungen. Fußball ist bis heute die einzige Leidenschaft, die sich Stoiber neben der Politik erlaubt.

Aus dem Fußball bezieht er sein Leben lang Inspiration. Parteifreunde berichten, es sei lange das einzige Thema gewesen, über das eine intensivere private Unterhaltung mit Stoiber zu führen gewesen sei. Gespräche über Fußball kamen bei ihm lange vor der Familie. Erst als Großvater änderte sich das bei Stoiber ein wenig. Er schwärmt schon einmal von den Enkelkindern, aber das sind seltene Momente. Vom Fußball dagegen leitet Stoiber gern seine politischen Metaphern ab. Spielführer sei er, in der Champions League spiele der von ihm geführte Freistaat Bayern. Selbst den Kindern vermittelte er seine Lebensphilosophie über den Fußball. »Glaube nicht, wenn du 0:1 zurückliegst und das Spiel schon aus zu sein scheint, dass du dann schon verloren hast«, berichtete er im Kanzlerwahlkampf 2002 über seine erzieherischen Motivationsgespräche. »Du musst es immer wieder versuchen. 0:2 und 0:3 – das sind Nackenschläge, aber lege dich nicht hin und fange das Weinen an, sondern versuche ein 1:3 zu schießen. Und schon hast du die Hoffnung, dass du vielleicht ein 2:3 machst! Ja, du kannst fallen, aber du darfst nicht liegenbleiben.«

Diese Lebensweisheiten sind Edmund Stoiber nur zum Teil aus eigenem Erleben zugewachsen. Seine Karriere führte auf den ersten Blick immer aufwärts und war geprägt von einem rastlosen Vorwärtsstürmen. Als es dann aber hakte und Stoiber 2005 in Berlin stolperte, stand er zwar wieder auf, doch die Niederlage war nicht mehr abzuwenden. Dieses getriebene »Lauf, Edi, lauf!« aus frühen Fußballtagen blieb sein Lebensmotto, immer das Ziel vor Augen, Tore schießen, Siege einfahren.

In seiner Jugend musste er akzeptieren, dass im heimatlichen Oberaudorf auf dem Bolzplatz andere am Ball besser waren als er. Doch im Eifer und der Leidenschaft für seinen Lieblingssport war der Schüler Edmund Stoiber kaum zu übertreffen. Und von der Oberbayerischen Schülermeisterschaft zehrt der Spitzenpolitiker bis heute. Als Verwaltungsratsvorsitzender und Herzensfan des sieggewohnten FC Bayern München konnte er da auch immer mit einer kleinen fußballerischen Meisterehre glänzen.

Der Weg des Politikers Edmund Stoiber war von einem atemberaubenden Vorwärtsdrang geprägt. Die wenigen Rückschläge hatten lange Zeit keine tieferen Auswirkungen auf seinen Aufstieg oder seinen Status. Dies änderte sich erst nach seiner Niederlage als Kanzlerkandidat der CDU/CSU bei der Bundestagswahl 2002. »Ja, du kannst fallen, aber du darfst nicht liegenbleiben«, diese seine Maxime hat er nach dem überstürzten Rückzug aus Berlin 2005 zumindest teilweise falsch umgesetzt. Der Instinktpolitiker Stoiber, ein Mann mit jahrzehntelanger Erfahrung, der sich oft als Hecht im parteipolitischen Karpfenteich aufführte, ist zuletzt nach selbst verschuldeten Niederlagen nur scheinbar wieder aufgestanden. Er kam nicht mehr richtig in Tritt und stolperte immer wieder. Vorbei war es mit dem lebenslangen Vorwärtsstürmen.

Edmund Rüdiger Rudi Stoiber am 28.September 1941 in Oberaudorf geboren, das jüngste von drei Kindern, war in jungen Jahren nie aufgefallen. Ein Mitläufer sei er gewesen, »stinknormal«, auffällig nur durch seinen hochaufragenden Blondschopf, berichten Schul- und Spielkameraden aus Oberaudorf im oberbayerischen Inntal. Nichts findet sich in seiner Jugend- und Schulzeit, das auf seine spätere politische Karriere hindeutete, eine außergewöhnliche Karriere, die gekennzeichnet war von zahlreichen Führungsaufgaben und von der Sucht zu führen. In seiner 18-köpfigen Jungenklasse am humanistischen Ignaz-Günther-Gymnasium in Rosenheim zählte der Schüler nicht zu den Intellektuellen. Seine Welt waren eher die der sportlichen Rabauken, Fahrschüler zumeist. Da wurde schon in der Frühe im Zug Karten gespielt oder das beliebte Zehnerl-Spiel, eine Art Tischfußball mit Münzen, als Spielfeld reichte die Rückseite eines Schulranzens. »Völlig normal« sei er gewesen, kein Streber, saß zwar oft in der ersten Reihe, war aber nie herausragend, weder bei schulischen Leistungen noch beim Unfug, so erinnern sich seine Mitschüler. Er habe abschreiben lassen, wie alle anderen auch, ist aber einmal, in der Pubertät, wegen Latein sitzen geblieben. Ein Treibauf war er manchmal, mit lautem Lachen und seiner zur Perfektion trainierten Kunst des Dauerrülpsens. Aber ein Anführer, ob Klassensprecher, Spielführer, Leithirsch oder gar Ideengeber, war Stoiber in jungen Jahren nicht. Bei Klassenfahrten oder Schullandheimaufenthalten war er mittendrin und fiel nur durch seine waghalsigen Schussfahrten auf. Direttissima, immer steil den Hang hinab. Nicht immer stilistisch schön, aber direkt und schnell. Vorwärtsdrängend eben, ohne dies aus späterer Sicht über Gebühr zu deuten.

Nicht wenige Politiker, die, wie Stoiber 1941, noch während des Zweiten Weltkriegs geboren wurden, führen frühe Kriegs- oder Vertreibungserfahrung, bittere Not und die Befreiung von der Diktatur als Gründe für ihr öffentliches Engagement an. Bei Stoiber ist das nicht der Fall. Seine Jugend verlief weitgehend normal und stimmig. In die fast heile Welt des damals noch bäuerlich geprägten Oberaudorf brachte der schnell wachsende Fremdenverkehr den Einheimischen Geld und Wohlstand. Die Familie Stoiber jedoch hatte keine Zimmer zu vermieten. Sie wohnten selbst zur Miete. Dennoch zählten sie zu den »Besseren« im Dorf. Oberaudorf hatte viele Flüchtlingsfamilien aufgenommen, andere waren von auswärts zugezogen. Dazu gehörten auch die Stoibers. Der Vater Edmund Georg Stoiber, ein Kaufmann, ging zum Kartenspielen nicht ins Wirtshaus, sondern ins einzige Hotel am Ort. Das war der Treffpunkt der Gewerbetreibenden, die als »bessere Gesellschaft« eingestuft wurden. Wenn er in Laune war, verbrachte Stoiber senior schon einmal ein ganzes Wochenende beim Spiel. Er gehörte nicht zu den Beliebtesten im Ort, ihm haftete der Ruf eines Angebers an, auch seine Mitgliedschaft in der NSdAP hing ihm nach. Aber all das führte nicht dazu, dass die Familie Stoiber ausgegrenzt wurde. Dafür war der Rest der Familie, die Mutter Elisabeth Stoiber und die fröhlichen Schwestern Hannelore und Silke und auch Edmund, zu sehr integriert und wohl gelitten im Dorf.

Dass Frauen daheim die Fäden zusammenhalten, lernte Edmund Stoiber früh. Eine Rheinländerin als Mutter, zwei größere Schwestern und der Vater, der, obwohl Oberpfälzer aus Schwarzenfeld, gar nicht dem Bild dieses eher wortkargen bayerischen Stammes entsprach. Vater Stoibers krumme Geschäfte mit Schrott führten zwar zu Tuscheleien, aber in der Nachkriegszeit gingen so manche nicht den geraden Weg. Doch alle drei Kinder konnten das Gymnasium besuchen, da durfte sich die Familie Stoiber in den fünfziger Jahren schon zur Oberaudorfer Bildungselite rechnen, sie haben das aber nie heraushängen lassen. Es lässt sich jedenfalls aus Stoibers familiärem Hintergrund wenig ableiten, was seine persönliche Entwicklung vorgezeichnet hätte. Außer vielleicht der Rollenverteilung, die in Edmund Stoibers Elternhaus sehr traditionell gehandhabt wurde. Dem Familienvorstand und Ernährer wurde der Rücken frei gehalten. Edmund Stoiber kam in seiner Ehe ebenfalls in diesen Genuss einer häuslichen Rundumversorgung. Wie kaum ein anderer deutscher Spitzenpolitiker seiner Generation geriet er dadurch in eine Abhängigkeit von seiner Frau Karin. Sie war selbst für die banalsten Dinge zuständig, Ehefrau und umsorgende Alltagsmanagerin zugleich. Alles Praktische, lästig Organisatorische rund um die Familie wurde ihm abgenommen. Diese häusliche Symbiose beeinflusste später aber auch seine weitere Karriereplanung und war mit ein Grund für seine plötzliche Rückkehr aus Berlin.

Von der Jugend im überschaubaren Oberaudorf erzählte der Politiker Edmund Stoiber immer wieder. Er führte diese Geschichten als Beleg für seine tiefe Verwurzelung in seinem Bayern an und schmückte die Kindheit auf dem Land aus. Gerne und oft flocht er in Wahlkampfreden ein, wie er gegen ein Trinkgeld den ankommenden Feriengästen aus dem Ruhrgebiet die Koffer vom Bahnhof zum Quartier schleppte. Eine Geschichte, die er dann ausschmückte zu einer bildhaften Beschreibung des Aufstiegs Bayerns. Bei seinen Schilderungen, wie die »Fremden« amüsiert durchs Dorf marschierten, mit Kommentaren »schau, wie hübsch, aber wie ärmlich«, verfiel er ins Bayrische. Dann folgte die Lehre: »Heute«, so donnerte der bayerische Ministerpräsident bei solchen Gelegenheiten in den Saal, »zeigt keiner mehr mit dem Finger auf unseren Freistaat, wir«, er meinte sich, »haben ihn an die Spitze gebracht!«

Das vorherrschende Bild von Edmund Stoiber, diese Schwarzweißmalerei eines von Faktenwissen, Detailbesessenheit und penibler Aktenverliebtheit geprägten Menschen, passt so gar nicht zum jugendlichen Werdegang. Seine Wandlung vollzog sich mit dem Beginn des Jurastudiums 1961 an der Universität München. Das Durchdringen, Analysieren und Lösen juristischer Fälle und Probleme fesselte ihn von Beginn an. Schnell merkte er, dass Wissen Macht ist und wie viel Zeit der Erwerb gründlichen Faktenwissens beansprucht. Da begann auch seine manchmal wie weltentrückt wirkende Problemlösungssucht zu wachsen, dieses den Dingen auf den Grund gehen, für alles eine Lösung suchen und finden. Schon damals vergrub sich Stoiber, Zeit und Umfeld vergessend, in Texte und Paragraphen. Sein Studentenleben spielte sich weitgehend im juristischen Seminar ab. Zusätzlich stürzte er sich neben der Juristerei auch noch in das Studium der Politikwissenschaft und begann sich für praktische Politik zu interessieren. Es waren die politisch bewegten sechziger Jahre, und Stoiber schlug sich wie selbstverständlich auf die Seite der Konservativen.

Der Ring Christlich Demokratischer Studenten, RCDS, war eine erste politische Heimat. Für Führungsaufgaben hatte der eifrige

Student Stoiber keine Zeit. Später verklärte er das ein wenig, sprach häufiger von einer politischen Initialzündung, nach dem Motto »mir stinken die Linken«, weil er miterlebt hatte, wie diese eine RCDS-Veranstaltung sprengten. Wie so vieles hat der ältere das politische Interesse des jungen Stoiber überhöht. Vor allem in den Homestories über den Kanzlerkandidaten. Da war dann vom stundenlangen gebannten Lauschen am Radio die Rede, immer dann wenn die Bundestagsdebatten übertragen wurden. Natürlich, so berichtete er, faszinierte ihn als Schüler die sprachliche Urgewalt seines späteren Lehrmeisters Franz Josef Strauß. So als sei schon damals in den späten 1950er Jahren ein politisches Samenkorn gelegt worden. Stoiber hat später, an Straußens Seite, noch viele von dessen Reden anhören müssen. Dabei hat er manches gelernt, ohne je die sprachliche Brillanz und inhaltliche Wucht, die thematische Vielfalt, die Ironie, den oft sarkastischen Humor und die nicht selten verletzende Schärfe von Strauß zu erreichen. Stoiber hat den Stil von Strauß wohlweislich auch nicht imitiert. Stattdessen entwickelte Stoiber seine eigene Rhetorik, die Körpersprache fuchtelnd, oft hektisch, aber stets überaus präsent und engagiert. Strauß' Niveau erreichte er dabei nie. Dafür waren Stoibers Reden meist zu wenig strukturiert, überquellend von nicht stringent geordnetem Faktenwissen.

Oft war der eine Gedanke noch nicht ausformuliert, da drängte schon der nächste nach vorne. So kamen sie zusammen die unvollendeten Sätze, von Ähs unterbrochen. Aber der Redner Stoiber brannte immer, von ihm ging eine Kraft aus, die seine Nachfolger Günther Beckstein und Erwin Huber nicht annähernd vermitteln konnten. Die rhetorisch dürftigen und peinlich unabgestimmten Redeauftritte des zwischenzeitlichen CSU-Führungstandems beim politischen Aschermittwoch waren grausame Belege. Stoiber hinterließ da einen anderen Eindruck. Ein Überzeugungstäter mit brennendem Einsatz, manchmal ein Schreihals, aber einer der die Botschaft aussandte: ich kümmere mich, ich rackere für euch, bis hin zum durchgeschwitzten Hemd. Keine unwichtige Parallele zum Aschermittwochskönig Franz Josef Strauß.

Zurück zum jungen Stoiber. In den ersten dreißig Jahren seines Lebens war er erstaunlich unpolitisch. Mit der CSU sympathisierte er allerdings schon als Schüler. »In unserer Abiturklasse hätten wohl alle CSU gewählt, bis auf einen, der dann auch roter Ferdl hieß«, erinnert sich sein Mitschüler Michael Skasa, der als Theaterkritiker, Radiomoderator und Autor so ganz andere Wege ging. Er erzählt auch, wie 1971, beim zehnjährigen Abiturtreffen, »der Edi« plötzlich ganz begeistert von den Möglichkeiten der Politik schwärmte. Hier lasse sich etwas erreichen für die Bevölkerung, etwas durchsetzen. Sich da zu engagieren, das lohne. Aber es müsse anders sein, als das Tun so mancher Volksvertreter, die sich an den Interessen einer begrenzten Klientel orientierten. Da mögen sie erstmals aufgeblitzt sein, diese Zielstrebigkeit, dieser Glaube an die Durchsetzungskraft einer steuernden Politik. Eine Haltung, die Stoiber in mehr als drei Jahrzehnten perfektionierte. Zuerst als Auftragsarbeiter für Strauß, später in eigener Verantwortung.

Der von Michael Skasa beobachtete Wandel seines ehemaligen Mitschülers kam nicht von ungefähr. Stoiber war 1971 im bayerischen Ministerium für Landesentwicklung und Umweltfragen gelandet. Einer seiner juristischen Pauker war zufällig hoher Beamter in dem 1970 neugeschaffenen Ministerium. Das erste Umweltressort in Deutschland, wie Stoiber oft betonte. Gut beraten und sanft geschoben, war er sofort in die CSU eingetreten, auch damals ein sicheres Karrierenetz für Ministeriumsmitarbeiter. Der junge Referatsmitarbeiter glänzte schnell durch Effizienz und Arbeitswut.

Erzählungen, Stoiber habe als »der Neue« zusätzliche Akten über das ihm zugewiesene Tagespensum hinaus angefordert, klingen glaubwürdig. Klar, dass so etwas dem Minister zu Ohren kam. Der hieß damals Max Streibl und war später, nach Straußens Tod, als Ministerpräsident Stoibers Vorgänger im Amt. Streibl machte Stoiber 1972 zuerst zu seinem persönlichen Referenten und 1974 zu seinem Büroleiter. Damit war Edmund Stoiber im Rekordtempo in den inneren Zirkeln der bayerischen Staatsmacht angekommen, diesem Beziehungsgeflecht aus CSU-Dominanz, Spezltum und zielgerichteter Politik einer sicheren Mehrheitspartei. Stoibers Stärken, die in seinen Jahren unter Strauß voll zum Tragen kamen, das Zuarbeiten und gleichzeitige Übernehmen von Führungsaufgaben, prägten sich bereits unter Max Streibl aus.

Parallel zu seiner Karriere im Ministerium engagierte sich Stoiber auch in der parteipolitischen Basisarbeit. Mit 31 Jahren übernahm der bisherige Mitläufer 1972 erste bescheidene öffentliche Verantwortung als Kreisvorsitzender der Jungen Union im neuen Wohnort Wolfratshausen. Ein kleines, aber nicht unwichtiges Sprungbrett für den schnellen Aufstieg. Fleißiger politischer Ministeriumsbeamter mit tadellosem Lebenslauf, konservativ und dienstlicher Vertrauter des oberbayerischen CSU-Bezirksfürsten, Umweltminister Streibl, das waren beste Voraussetzungen für die Bewerbung um ein CSU-Landtagsmandat. Das wurde damals noch streng von der Parteiführung mitgesteuert. Der allmächtige CSU-Chef Strauß hatte Stoiber wohl schon im Blick. Gute, eifrige und linientreue Staatsjuristen mit humanistischer Bildung standen bei Strauß immer hoch im Kurs. Noch dazu stimmte auch das familiäre Umwelt. Heirat, Doktorarbeit, erstes Kind, alles schon vollbracht. So wurde Stoiber ohne die Ochsentour 1974 als 33-Jähriger zum Landtagsabgeordneten des konservativ dominierten Wahlkreises Miesbach-Bad Tölz-

Wolfratshausen gewählt. Im Schnelldurchluf in die bayerische Volksvertretung, vom Ministeriumsschreibtisch ins Parlament.

Schilderungen der ersten Abgeordnetenjahre passen ins Bild des arbeitswütigen und gut organisierten Edmund Stoiber. Schon damals war er wild darauf, möglichst schnell zu erfahren, ob etwas über ihn in der Zeitung steht. Wenn die Gazetten im Landtagsarchiv wieder mal fehlten, war klar, Stoiber ist bereits im Haus. Auch die damals noch raren Abgeordnetentelefone blockierte er mit Vorliebe. In der Wolfratshausener Lokalredaktion des Isar-Loisach-Boten stöhnten sie schon manchmal über die Redaktionsbesuche des neuen Abgeordneten. Der hatte schnell kapiert, dass eine häufige Erwähnung des eigenen Namens dem Bürger das Gefühl gibt, da setzt sich einer für uns ein, da rackert einer. Etwas was Stoiber in seiner gesamten politischen Karriere zu vermitteln suchte. Er entwickelte in seinen ersten Volksvertreterjahren eine Nase für Themen. Was regt die konservative Wählerschaft auf? Worum muss ich mich kümmern?

Stoiber, der im Landtag natürlich im Fachausschuss für Landesentwicklung und Umweltfragen saß, fand in seiner ersten Legislaturperiode nur selten Erwähnung in überregionalen Zeitungen. Das tat er allerdings mit einem populistischen Thema, das ihm lange nachhing. Unerbittlich agitierte er nämlich gegen die Nacktbader in den Isarauen. Er sah darin eine Verstoß gegen die Naturschutzverordnung und wurde ob seiner Prüderie belacht. Doch Stoiber ließ sich durch den Spott nicht beeindrucken. Er blieb ein konsequenter Kümmerer, immer dann wenn er glaubte, von einer Sache überzeugt zu sein oder es dem Volke zuliebe sein zu müssen. Er hat das später konsequent ausgebaut. Als Generalsekretär von Strauß bissig und scharfzüngig polarisierend im Auftrag seines Herrn. Der Innenminister Stoiber schaute dem Volk dann nur allzu gern beim

Thema »Asylmissbrauch« aufs Maul. Als Ministerpräsident schließlich war er schnell und vernehmlich zur Stelle, wenn es galt, für Kruzifixe in den Klassenzimmern, gegen den Euro oder an der Spitze der »Biergartenrevolution« für längere Öffnungszeiten zu kämpfen. Erst in seinen letzten Regierungsjahren verließ ihn dieser Instinkt und er verwechselte Durchsetzungsvermögen mit Machbarkeit. Ein Fehler, der sich rächen sollte.

Bereits der junge Abgeordnete Stoiber entpuppte sich als geschickter politischer Stratege, als Strippenzieher. Er war der eifrigste einer ganzen Riege talentierter CSU-Abgeordneter, die alle auf der furiosen 62,1-Prozent-Welle des CSU-Wahlsieges von 1974 in den Landtag geschwemmt wurden. In einem Netz parlamentarischer Jungspunde trat er als Mitherausgeber des Buches »Politik aus Bayern« hervor. Es enthielt Grundsatzaufsätze, die ein neues Selbstbewusstsein von CSU-Abgeordneten gegen die eigene Staatsregierung signalisierten. Das war auch versteckte Opposition gegen den Landesvater Alfons Goppel. Mehr Mitspracherecht für die Regierungsfraktion im Landtag forderten die jungen Abgeordneten und warben für einen dynamischeren Politikstil, den in ihren Augen der weltläufige Franz Josef Strauß verkörperte. Der war CSU-Vorsitzender und unausgelasteter Oppositionspolitiker in Bonn. Er drängte deshalb eigentlich schon 1974 ins bayerische Regierungsamt. Nachdem aber Goppel einen so grandiosen Wahlsieg eingefahren hatte, musste Strauß noch warten. Stoiber und seine Mitstreiter, von Faltlhauser bis Wiesheu, von Tandler bis Zehetmair, drängten aber mit ihrem Buch auf einen Wandel. Strauß nahm die Unterstützung wohlwollend auf. Fast alle Beiträger hatten sich Strauß empfohlen und rückten bei ihm ab 1978 in Regierungsämter auf. Ironie des Schicksals: Ausgerechnet Edmund Stoiber, der damals so vehement für mehr Mitgestaltung der CSU-Landtagsfraktion plädiert hatte, verlor seinen eigenen Grundsatz in den letzten Regierungsjahren aus den Augen.

In seiner erfolgreichen Zeit, von 1988 an als bayerischer Innenminister, aber vor allem in vielen Jahren als Ministerpräsident pflegte und hegte er seine Verbindungen zu den CSU-Abgeordneten. Dazu fehlten ihm dann später die Zeit und wohl auch die Lust. CSU-Vorsitz und Kanzlerkandidatur hatten neue Horizonte eröffnet. Stoibers Macht war gewachsen, aber aus dem Fundament seiner Macht, in Partei und Fraktion, brachen zuerst kleine, später größere Brocken.

Kapitel 2

»Blondes Fallbeil« – Musterschüler von Strauß

Edmund Stoiber hat Franz Josef Strauß bewundert, er eiferte ihm nach und hat unter ihm gelitten. Er rühmte sich, Schüler von Strauß zu sein. Als er später die Machtfülle des politischen Lehrmeisters erreicht hatte, Ministerpräsident, CSU-Chef und Kanzlerkandidat, hoffte Stoiber ihn zu übertreffen. Das ist Edmund Stoiber nur teilweise gelungen. Die Größe von Strauß erreichte er nie, vor allem nicht in den Augen der Bevölkerung. In vielen Reden Stoibers war zu hören, »das habe ich von Strauß gelernt, Strauß hat immer gesagt«. Formulierungen, die sich immer öfter wiederholten, als er vor seinem Rücktritt mehr und mehr Bilanz zog. Stoiber bewunderte und pries die Stärken von Strauß. Dessen Schwächen hat er sicher auch registriert, doch er tat immer so, als habe er, vor lauter Arbeit an der Sache, davon nichts mitbekommen. In seinem politischen Handeln zog er später dann aber klare Trennungslinien zur Privilegien-, Vettern- und Pfründewirtschaft der Ära Strauß, ohne sich öffentlich deutlich davon zu distanzieren.

War Strauß für Stoiber eine politische Vaterfigur? Bei dieser Frage schrecken die wirklich engen einstigen Weggefährten von Strauß auf. Dazu fehlte das Emotionale, dazu seien die Temperamente, die Lebensweise viel zu unterschiedlich und letztlich auch die Nähe nicht groß genug gewesen, wehren sie ab. Stoiber sei eher der eifrigste Ministrant von Strauß gewesen. Stoiber jedenfalls hat zu Strauß aufgeschaut und durfte ihm dienen. Der gleiche Edmund, der 20 Jahre zuvor am Radio beeindruckt den Bundestagsreden lauschte, diskutierte jetzt mit Strauß scheinbar auf Augenhöhe. Scheinbar deshalb, weil Stoiber für Strauß sicher nicht der entscheidende politische Ratgeber war. Dazu waren die Unterschiede an Erfahrung und Mentalität zu groß. Politischen Rat suchte Strauß bei einem wie Wilfried Scharnagl, dem damaligen Chefredakteur der Parteizeitung »Bayernkurier«. Der ist noch heute stolz auf den

Strauß'schen Ausspruch »Scharnagl schreibt, was Strauß denkt, und Strauß denkt, was Scharnagl schreibt«. Stoiber dagegen war in Straußens Nähe immer in Funktionen. Zuerst von 1978 an als CSU-Generalsekretär und von 1982 als Leiter der Bayerischen Staatskanzlei des Ministerpräsidenten Strauß, von 1986 an im Range eines Staatsministers.

Natürlich schätzte Strauß den aufstrebenden Jungpolitiker an seiner Seite, das zeigt der häufig zitierte Satz: »der Stoiber hält den Kopf auch hin, selbst wenn er weiß, dass es ihm diesen kostet«. Stoiber rackerte zur höheren Ehre der CSU und besonders der von Franz Josef Strauß. Wenn dieser noch überlegte, ob es sich rentierte, den politischen Gegner verbal zu attackieren, hatte Stoiber schon eine Breitseite abgefeuert. Stets belastbar, stets präsent, ausgestattet mit 10 Prozent Talent und 90 Prozent Fleiß, hieß es schon damals anerkennend.

Es ist bekannt, dass Strauß andere für politisch talentierter hielt als Stoiber. Gerold Tandler zum Beispiel, diesen kühlen, persönlich oft abweisenden Organisator der Macht. Otto Wiesheu stand Strauß auch näher, er war ihm vom bulligen Typus und der verbalen Direktheit am ähnlichsten. Wiesheu galt aber lange als ungehobelt und polternd und deshalb problematisch. Aus diesem Grunde machte Strauß 1978 völlig überraschend Stoiber und nicht Wiesheu zum CSU-Generalsekretär. Für Stoiber ein gewaltiger politischer Sprung, für Strauß ein Glücksgriff, weil da einer wie ein Wachhund um ihn herumstreifte, bereit, allen in die Wadeln zu beißen, die an der Politik von Strauß, die gleichzusetzen war mit der der CSU, Kritik übten. Stoiber hat das teilweise übertrieben und fast schon lustvoll seinen Ruf als »blondes Fallbeil« erworben. Eine Einstufung, die ihm immer egal zu sein schien, »emotionales Zeugs«, mit dem er sich nicht aufhielt, obwohl er alles über sich las, alles penibel registrierte. Es kam sogar so weit, dass Strauß selbst der Meinung war, der Scharfmacher Stoiber schade der CSU mehr, als er ihr nutze.

1983, Stoiber war inzwischen als Staatssekretär zum Leiter der Staatskanzlei aufgerückt, erhielt er bei seiner Kandidatur für den CSU-Vorstand nur 46,9 Prozent der Stimmen. Auch Franz Josef Strauß wurde damals bei seiner Wiederwahl vom Parteitag mit einem Ergebnis knapp unter 80 Prozent abgestraft. Eine Quittung für den von Strauß eingefädelten Milliardenkredit an die DDR, den auch Stoiber nibelungentreu gegen alle Kritik verteidigte, obwohl er eigentlich auch gegen das Geschäft mit den DDR-Machthabern war. Damals überlegte Strauß, Stoiber als bayerischen Sozialminister ruhigzustellen. Doch der Tod von Marianne Strauß kam dazwischen. Der erstmals psychisch wirklich angeschlagene Strauß konnte und wollte auf sein bestes Arbeitspferd in unmittelbarer Nähe nicht verzichten.

Edmund Stoiber war in seiner Zeit unter Strauß für Journalisten ein höchst unangenehmer Partner. Unerbittlich verfolgte er kritische Berichterstatter. Besonders bei solchen Medien, die, nach seiner Meinung, vor allem der CSU nahezustehen hatten. Da traf es auch öfters den Bayerischen Rundfunk. Mehr als einmal forderte Stoiber mit geharnischten Briefen und scharfen Auftritten im Rundfunkrat Sanktionen gegen scheinbar unbotmäßige Journalisten. Zum Glück stand der öffentlich-rechtlichen Anstalt Bayerns in diesen Jahren mit Reinhold Vöth ein Intendant vor, der sich als ehemaliger CSU-Staatssekretär sehr konsequent gegen solche Einmischungen verwahrte. Später, als Stoiber selbst Regierungschef in Bayern war, pflegte er ein wesentlich gelasseneres Verhältnis zur Presse und verzichtete auf Beschwerdeorgien. Sein Verhalten von damals entschuldigte er damit, dass er unter Druck von Strauß und dessen Frau Marianne stand, die Kritik wohl als eine Art Majestätsbeleidigung verstanden.

Wer mit alten Weggefährten von Strauß spricht, hört auch wenig schmeichelhafte Umschreibungen des Verhältnisses zwischen Strauß und Stoiber. Das glatte Gegenteil von Strauß sei er gewesen, aber stets auf dem Sprung wie der biblische Samuel, der mit dem Ausruf »rede Herr, dein Diener hört!«, im Tempel hinter dem Vorhang schlief. Tag und Nacht sei Stoiber bereit gewesen für Partei- oder Regierungsgeschäfte, mit grenzenlosem Einsatz und beispielhaftem Fleiß. Eine Mär sei es allerdings, dass ihn Strauß immer in seiner Nähe haben wollte, was wiederum Stoiber gerne verbreitete. Ganz im Gegenteil, Strauß, der konzentriert arbeiten, aber auch ausgiebig feiern konnte, hat Stoiber so manches mal peinliche Auftritte beschert, wenn dieser dem in der Franziskaner Wirtschaft mit Spezeln tafelnden Ministerpräsidenten die Unterschriftenmappe nachtrug. »Jetzt kommt schon wieder der fleißige Stoiber und will mir was zum Arbeiten bringen«, spottete Strauß dann unter dem Gefeixe seiner Freunde. Der pflichtbewusste Stoiber erschien trotzdem immer wieder mit seinen Akten unterm Arm.

Geschichten, die heute noch gerne erzählt werden. Sogar Stoiber selbst hat sie später verbreitet, auch als eine Art Beleg dafür, dass er von Strauß'schen Amigogeschäften nichts wissen konnte. Er sei ja nie dabei gewesen, bei diesen Kungelrunden des sogenannten Franzens-Club. Es waren andere Zeiten damals, auch in der medialen Wahrnehmung. Wenn Strauß Anfang der 1980er Jahre plaudernd am Rande einer Pressekonferenz berichtete, er habe neulich wieder einmal einen Sportwagen von Audi auf der Strecke zu seinem Wochenenddomizil in Wildbad Kreuth getestet, wertete das kein Journalist als unerlaubte Vorteilsannahme. Strauß schmückte solche Erzählungen unter großem Gelächter der Medienvertreter sogar aus. Keine zehn Jahre später stolperte Max Streibl, der Nachfolger von Strauß im Amt des Ministerpräsidenten, über kostenlose Flüge,

Urlaubsreisen und Testfahrzeuge. Er zeigte sich völlig uneinsichtig und verspottete seine Kritiker öffentlich mit »Saludos Amigos!«. Geschenke und geldwerte Privilegien sah Streibl als selbstverständlich an. Strauß habe schließlich nicht anders gehandelt. Doch die öffentliche Wahrnehmung hatte sich gewandelt. Auch die Journalisten überprüften daraufhin ihre eigene Praxis der Einladungen und Geschenke. Ein paar Jahre nach Straußens Tod begann damit in Bayern die öffentliche Aufarbeitung lange geduldeter Verquickungen zwischen politischen Entscheidungsträgern und Teilen der Wirtschaft.

Plötzlich geriet auch Edmund Stoiber ins Visier. Denn auch er war mit dabei, nutzte die »CSU-Airline« des damals noch staatseigenen bayerischen Luft- und Raumfahrtkonzerns MBB für Urlaubsreisen, ließ sich für private Zwecke Luxuslimousinen von Audi und BMW vor die Haustür stellen und sonnte sich, weitgehend kostenlos, auf den Terrassen der südfranzösischen Villen des inzwischen vorbestraften Lobbyisten Dieter Holzer und des Steuerbetrügers und Bäderkönigs Eduard Zwick. All das wurde Innenminister Edmund Stoiber bei der Aufarbeitung alter Amigogeschichten zum Vorwurf gemacht. Doch dieser reagierte geschickt, er hatte gute Berater. An vorderster Stelle den heutigen Sprecher der Bundesregierung Ulrich Wilhelm. Dessen Grundsatz war, den Stier bei den Hörnern zu packen, ein Motto, das Stoiber auch später lange befolgte. Stoiber ging also in die Offensive. Sonntägliche Pressekonferenz, alles offenlegen, Fehler eingestehen, für Klarheiten sorgen. Eine »Notlüge« erlaubte sich Stoiber damals allerdings. Strauß habe auch im Urlaub Wert darauf gelegt, ihn als seinen wichtigsten Mitarbeiter an seiner Seite zu haben. Insider, auch Angehörige der Familie Strauß, reagieren darauf noch heute mit Kopfschütteln. Strauß habe Stoiber zwar überaus geschätzt, weil der ihm den Rücken freihielt für seine eher global als landespolitisch ausgerichteten politischen Aktivitäten. Doch privat kam er sehr gut ohne Stoiber aus. Wenn Strauß sich als Lebemann politische Auszeiten nahm, war sein bürokratischer Dauerbrenner fehl am Platze, denn Stoiber störte bei solchen Gelegenheiten mit seiner Dienstbeflissenheit die Gemütlichkeit von Strauß.

Stoiber hat bei Strauß viel gelernt, auch die Fähigkeit vorauszuschauen, Entwicklungen zu erkennen, in Bayern den »Rohstoff Geist« zu fördern. Strauß hat Stoiber auch das Bewahren konservativer und christlicher Grundwerte als obersten CSU-Grundsatz eingebläut, oder die politische Prämisse, bei der inneren Sicherheit ja nichts anbrennen zu lassen. Stärke und Reaktionsfähigkeit von Polizei und Verfassungsschutz standen deshalb bei Stoiber stets im Vordergrund. Später, als Ministerpräsident, erhöhte er bei allem das Tempo und modernisierte den Freistaat Bayern schneller, als Strauß das gelungen war. Eine weitere Weisheit von Strauß, die Stoiber gerne zitierte und umsetzte: Polarisieren gehört dazu. Immer wieder zitierte er Strauß' Ausspruch »wer everybodys Darling sein will, wird schnell everybodys Depp«. Übernommen hat Stoiber auch das Strauß'sche Prinzip, die CSU von Bayern aus stark zu machen, für die Bundespolitik.

Doch als es galt, in einer Bundesregierung Verantwortung zu übernehmen, gab es ebenso erstaunliche wie verhängnisvolle Parallelen zwischen Strauß und Stoiber. Wie dieser war jener letztlich ein Zögerer und Zauderer, wenn es darum ging, für sich selbst weitgehende Entscheidungen zu treffen. Legendär das Geziehe, das Strauß 1982 veranstaltete, als er vor der Frage stand, ob er nun in eine von CDU-geführte Bundesregierung eintreten solle oder nicht. Strauß pokerte bei Bundeskanzler Kohl um das Außenministerium, das aber war der FDP und Genscher versprochen. Strauß hätte Bundeswirtschaftsminister im ersten Kabinett Kohl werden können, zögerte lange und lehnte dann ab, »rein in die Kutsche – raus aus der Kutsche«, wie Stoiber rückblickend kommentierte. 2005 strich er selbst dann ähnlich unschlüssig um die Kutsche nach Berlin herum. Da war dann wohl wieder der »Lehrsatz« von Strauß im Kopf, die CSU bezieht aus dem Opponieren gegen die Bundespolitik ein Großteil ihrer Stärke.

Um die Parallelen zwischen Franz Josef Strauß und Edmund Stoiber weiterzuführen: Was dem Strauß sein Kohl war, war Stoiber seine Merkel. Beide erkannten sie letztlich die jeweilige Führungsfigur der großen Schwesterpartei CDU nicht an. Beide, Strauß wie Stoiber, waren als Kanzlerkandidaten gescheitert und mussten später akzeptieren, dass ihr gering geschätzter parteiinterner Rivale bzw. die Rivalin schafften, was ihnen verwehrt blieb. Strauß sah eigentlich Kohls Kanzlerstuhl als den seinen an, und auch Stoiber fühlte sich Merkel überlegen. Er akzeptierte dann zwar notgedrungen deren Kanzlerschaft, war aber nur bereit, in einer Sonderrolle im Kabinett Merkel mitzuarbeiten. Stoiber lästerte zwar nicht ganz so brachial über die CDU-Vorsitzende Angela Merkel wie einst Strauß über Helmut Kohl, aber er ließ in internen Runden immer wieder erkennen, dass er sich für den Besseren hielt. Das blieb natürlich nicht verborgen – weder damals Kohl noch später Merkel. Strauß hat die Langzeitwirkung der daraus entstehenden persönlichen Spannungen mit dem CDU-Kanzler politisch überlebt, Edmund Stoiber sein Ringen mit »Kohls Mädchen« nicht. Seine Erklärung der Partei und der Öffentlichkeit gegenüber, mit der er zuerst sein langes Zögern und später den Rückzieher aus Berlin begründete, überzeugte nicht. Auch wenn er sich mit dem Satz »prüfe stets, wie ist die Konstellation, was bringt es der CSU?« auf Strauß zu berufen suchte.

Es sind vor allem die persönlichen Schlussfolgerungen für das jeweilige politische Handeln, die Strauß wohl instinktsicherer entschieden hätte. An erster Stelle steht hier der Rückzieher aus Berlin, der die Abwärtsspirale des Edmund Stoiber verhängnisvoll beschleunigte. Er hatte sich damit lächerlich gemacht, das Selbstverständnis der CSU in ihren Grundfesten erschüttert. Strauß hätte nicht so gehandelt. Es hatten sich aber auch die Zeiten gewandelt. Die CSU des Jahres 2005 war nicht mehr so obrigkeitshörig wie unter Strauß. Kritik an der Spitze war nicht verboten, auch wenn das alles sehr vorsichtig passierte und erst in der Endphase Stoibers offen diskutiert wurde. Vorbei waren die Zeiten, als deutliche öffentliche Worte als Majestätsbeleidigung galten – so wie das unter einem CSU-Generalssekretär und Staatskanzleichef Stoiber der Fall gewesen ist. Stoiber baute dann aber, ab 1993, in seinen guten Führungsjahren als Ministerpräsident, das Selbstverständnis der ihn stützenden Landtagsfraktion auf. Doch beginnend mit seinem Machtzuwachs als CSU-Vorsitzender 1999, verlor er dann allmählich das Gespür für die Befindlichkeit der wichtigsten und mächtigsten CSU-Gruppierung.

Stoiber hat sich oft an Strauß orientiert und sich an ihm gemessen, manchmal sicher auch unbewusst. Dessen Popularität konnte er nie erreichen, das spürte er wohl. Er versuchte das mit Fleiß und rastlosem Einsatz für Bayern wettzumachen. Mit seiner Kanzlerkandidatur wollte er vollenden, was Strauß nicht geschafft hatte. Bei den Wahlergebnissen in Bayern wollte er die CSU weit über 50 Prozent führen und möglichst noch stärker machen als unter Strauß. Als Stoiber 2003 bei der Landtagswahl furiose 60,7 Prozent erreicht hatte, brach es am Wahlabend im internen Kreis aus ihm heraus: »jetzt bin ich besser als Strauß«. Es war aber nur das zweitbeste CSU-Ergebnis der Nachkriegszeit. Mit Alfons Goppel als populärem

Ministerpräsidenten wurden 1974 62,1 Prozent eingefahren. Goppel war ein veritabler Landesvater, zurückhaltend, gescheit, nobel und gütig, geliebt vom Volk, ein Heimatpolitiker. Die ideale landespolitische Ergänzung des bundespolitischen Kraftwerks und CSU-Vorsitzenden Strauß. Der war später als Ministerpräsident am Titel Landesvater nie interessiert, dazu dachte er zu global. Dennoch war Strauß in den Herzen der Bayern verwurzelt, anders als Goppel und viel tiefer als Stoiber. Strauß, der große Polarisierer, skandalumwittert und emotional, ihm schlugen Abneigung und Zuneigung entgegen, erbitterter oppositioneller Widerstand in weiten Teilen Deutschlands, aber auch große Verehrung breiter Schichten des bayerischen Volkes. Strauß konnte den »mir san mir«-Reflex seiner Landsleute wunderbar bedienen. Stoiber tat sich da schwerer. Da nutzte es auch nichts, wenn er flunkerte, »sein Mentor Strauß« habe ihm noch persönlich »den Vorsitz im Verein für deutliche Aussprache« übertragen. Stoiber kam oft zu bemüht herüber, weniger authentisch.

Während der international orientierte Strauß keinen Wert auf den Ehrentitel »Landsvater« legte, strebte ihn Stoiber an. Das ist ihm nur teilweise gelungen, und wenn, dann war das auch ein Verdienst der Frau an seiner Seite, Karin Stoiber. Sie nahm mehr und mehr die Menschen für sich ein. Das nützte Stoiber und er nutzte es. Die ganz große Verehrung der Bayern blieb ihm dennoch verwehrt; Respekt ja, Anerkennung und Vertrauen auch. Doch ins innerste bayerische Herz drang er nicht vor, trotz seiner unbestreitbaren Verdienste um das Wohl des Landes und trotz seiner messbaren Erfolge.

Franz Josef Strauß verkörperte einen Politikertypus, der die heutige Medienwirklichkeit nicht unbeschadet überstanden hätte. Obwohl hier echte Straußisten, von denen es noch einige gibt in der CSU, einwenden, Strauß hätte sich wohl ziemlich flexibel angepasst.

Stoiber aber wollte der bessere Strauß sein, ohne dessen Fehler. Er wollte schaffen, was Strauß nicht gelungen war, er wollte Kanzler werden. Sein Scheitern 2002 war knapp. Stoiber redete nicht gerne über diese seine größte politische Enttäuschung, er interpretierte sich das Ergebnis aber schön. Schließlich habe die Union insgesamt gegenüber der Wahlniederlage 1998 zugenommen. Zweifelsohne war Stoiber näher an der Kanzlerschaft als Strauß 1980, obwohl dieser damals mehr Prozente holte – in einer allerdings überschaubareren Parteienlandschaft.

Stoiber hatte unter Strauß, teilweise zu Recht, ein schlechtes Image. Er vertrat eifernd schier unglaubliche Dinge, die vom »Hofstaat« der Staatskanzlei ausgeheckt wurden. Vieles kam aber auch vom gelegentlich erstaunlich leicht verletzbaren und dann unberechenbaren Strauß selbst. Ein Tiefpunkt politischer Kultur war die versuchte Unterdrückung von Berichten über die Kritik, die im Bayerischen Ministerrat hochkochte, als Strauß den Milliardenkredit für die DDR einfädelte. Dieser politische Coup des Kommunistenfressers Strauß bedeutete eine radikale Kehrtwende im Umgang mit der sonst als Terrorregime eingestuften DDR. Die konservative Tageszeitung »Münchner Merkur« berichtete am 6. Juli 1983 mit anonymen Zitaten aus einer für Strauß unangenehmen und deprimierenden Sitzung des Bayerischen Ministerrats. Da wurde Stoiber aktiv. Er zwang die Minister und Staatssekretäre zu Unterwerfungsgesten. Sie mussten zwei eidesstattliche Erklärungen unterzeichnen, in denen sie jede Kritik an Strauß zu leugnen hatten. Bis auf den damaligen Kultusminister Hans Maier verbog sich, unter Stoibers unnachgiebigem Druck, die gesamte Regierungsmannschaft und warf sich vor Strauß in den Staub. In den Taschen aber ballten sie die Fäuste. Es folgten peinliche Debatten im Bayerischen Landtag, die Stoibers Ansehen, auch CSU-intern, in den Keller rutschen ließen.

Denn Stoiber war damals von einer verbissenen Borniertheit und zumindest nach außen hin fern jeder Einsicht. Ein scharfer Hund im Auftrag seines Herrn. Doch der stets vorwärtsschauende und selten zurückblickende Edmund Stoiber steckte selbst feindseligste Kommentare aus den eigenen Reihen weg. Eine Eigenschaft, die ihn bis heute begleitet. Er hakte so etwas als unvermeidliche Begleitmusik ab und stürzte sich, scheinbar unbeeindruckt, wieder in die Arbeit.

Als Leiter der Bayerischen Staatskanzlei zeigte Stoiber allerdings auch viel Gespür für parteiinterne Informations- und Kommunikationsmechanismen. Er nahm regelmäßig an den Sitzungen der CSU-Landtagsfraktion teil und unterrichtete die CSU-Mehrheitsfraktion über die Politik der Staatsregierung. In dieser Konsequenz ein Novum. Vor allem da der umtriebige Strauß sich selten Zeit nahm für die Niederungen des Landtags, dafür hatte er ja seinen Stoiber. Der nutzte diese Funktion klug und abgewogen, um sich Vertrauen zu erwerben bei den Volksvertretern seiner Partei. Die waren zwar schon damals manchmal genervt von seinem trockenen Eifer und seiner fehlenden Lockerheit, schon damals gerieten seine politischen Rechenschaftsberichte meist zu lang.

Nach dem unerwarteten Tod von Strauß am 3. Oktober 1988 und der anstehenden Kabinettsumbildung sicherte sich Stoiber geschickt das Amt des Innenministers und brachte sich damit in eine ideale Ausgangsposition für spätere Rangkämpfe in der CSU. Er war als Innenminister ein scharfer und populistischer Kämpfer für Recht und Ordnung, was in Bayern immer gut ankommt. Daneben kümmerte er sich um jedes, auch das kleinste Problem seines Amtsbereichs. Der bot ihm reichlich Gelegenheit: Polizei, Sicherheit, Katastrophenschutz, Straßen- und öffentlicher Wohnungsbau, Baugenehmigungen, Feuerwehren, Schützen und Kaminkehrer. Die noch heute beliebte bayerische Fernsehsendung »Jetz red i«, bei der Bürger öffentlich Probleme ansprechen dürfen, zu denen dann später im Studio die jeweiligen Minister Stellung nahmen, bestritt Stoiber oft fast allein. Dies und seine markigen Sprüche über Hausbesetzer, linke wie rechte Chaoten, machten ihn zu einem öffentlich respektierten Minister. Unermüdlich verfocht er seine Grundsätze, nur ja keine rechtsfreien Räume zuzulassen und Bayern als »Marktführer der inneren Sicherheit« zu verkaufen.

Das Bild des geifernden Strauß-Adlaten begann zu verblassen, Stoiber gewann Kontur. Er mäßigte sich, ohne sich zu verbiegen. Einige Ausrutscher, etwa als er vor einer multikulturellen Gesellschaft warnen wollte und eine »Politik für die nationale Identität« forderte, brachten ihn ins Straucheln. Kurz nach seinem Amtsantritt als Innenminister warnte er im Hintergrundgespräch mit Journalisten davor, dass die rechtsradikalen »Republikaner« durch das Anwachsen einer »multinationalen Gesellschaft« Auftrieb bekommen könnten. Als Beleg dafür zitierte er aus der Propaganda der Republikaner, die ja multikulti als »durchmischt und durchrasst« ablehnen würden. Obwohl eindeutig nicht seine Wortwahl, sondern nur ein verweisendes Zitat, wurde es ihm in den Mund gelegt. Empörung bei der Opposition, die ihn als »Rasse-Fanatiker« beschimpfte. Klärende Pressemitteilungen nutzten nichts, Stoiber hatte, diesmal zu Unrecht, wieder einmal den Stempel »blondes Fallbeil« aufgedrückt bekommen.

Als Innenminister weitete Stoiber per Gesetz die, in Bayern bisher auf zwei Tage beschränkte, Vorbeugehaft auf einen bis zu 14-tägigen Unterbindungsgewahrsam aus. Er blieb ein scharfzüngiger und populistischer Warner vor einem Missbrauch des Asylrechts. Gleichzeitig stellte er nach dem Fall der Mauer Gedankenspiele einer Ausweitung der CSU über Bayern hinaus an. Er hoffte, die Deutsche

Soziale Union, DSU, zu einer CSU des Ostens zu machen. Doch die DSU scheiterte am mangelhaften Programm und an wenig überzeugenden Kandidaten. Stoiber versuchte dennoch hartnäckig, seine Idee voranzutreiben, CSU-Politik in den ostdeutschen Bundesländern anzusiedeln. Bundeskanzler Kohl und CSU-Chef Waigel zogen im Mai 1991 auf einem Strategiegipfel einen Schlussstrich unter die Debatte. Eine gesamtdeutsche CSU kam nicht infrage. Stoiber aber musste sich in der Folge sogar vor einem Landtagsuntersuchungsausschuss verteidigen. Es gab Hinweise und Vorwürfe, er habe von Beamten seines Innenministeriums Expertisen für die CSU-Ausdehnung entwerfen lassen. Stoiber beschäftigte damals sogenannte Führungshilfen, Beamte seines besonderen Vertrauens, die auch später seine Arbeit in der Staatskanzlei entscheidend beeinflussten. Langfristig war das eher zu seinem Nachteil.

Nach dem Tod von Strauß, 1988, hatte Max Streibl als erfolgreicher Finanzminister und Vorsitzender des mächtigen CSU-Bezirksverbandes Oberbayern, im Handstreich das Ministerpräsidentenamt an sich gerissen. Die Generation der Ziehsöhne, von Tandler bis Stoiber, war da noch in Trauer erstarrt. Theo Waigel, Straußens getreuer, aber dennoch unabhängiger Bonner Statthalter, übernahm den CSU-Vorsitz. Stoiber meinte damals zu Mitarbeitern, »für mich kommt das fünf Jahre zu früh«. Eine fast schon prophetische Aussage, denn tatsächlich war 1993, nach fünf Jahren, das Ministerpräsidentenamt wieder frei, und da schlug Stoiber zu. Vorerst aber nutzte er im Alter von 47 Jahren das Amt des Innenministers zur Profilierung. Fast zeitgleich hatte er 1988 auch den Vorsitz der CSU-Grundsatzkommission übernommen und in bekannter Akribie fünf Jahre lang die Arbeit am Neuentwurf gesteuert. Damit erwarb er sich zusätzliche Verdienste. Edmund Stoiber ließ ein CSU-Programm mit sozialpädagogischer Funktion erstellen, das auch einging auf neue gesamtdeutsche Herausforderungen nach der Wiedervereinigung.

Ein gewichtiges Pfund, das er später in die Waagschale werfen konnte. Besonders als 1993 das politische Ende des uneinsichtigen, falsch beratenen und kranken Ministerpräsidenten Streibl nahte. Streibl, der damalige CSU-Fraktionschef Alois Glück, ein raffinierter Strippenzieher bis zuletzt, und Parteichef Theo Waigel planten Stoiber bei der Nachfolgefrage auszumanövrieren. Sie hielten ihn für zu rechtskonservativ, belastet mit einer »unbayerischen« Ausstrahlung und ohne stabiles Wertegerüst. Doch Stoiber, eher zufällig von einem Geheimtreffen der Troika Glück-Streibl-Waigel informiert, ließ sofort seine Truppen marschieren. Er mobilisierte die von ihm jahrelang gepflegte CSU-Landtagsfraktion sowie seinen treuen Paladin und damaligen Staatssekretär Günther Beckstein. Der fiel Waigel auf einem Nürnberger CSU-Bezirksparteitag als Erster öffentlich in den Rücken. Auch die Junge Union ergriff Partei für Stoiber. Begleitet war all das von unschönen Gerüchten über Waigels Privatleben. Eine Praxis, die auch später immer wieder politisch instrumentalisiert wurde in der CSU. Stoiber warf aber nicht nur seinen Hut in den Ring, sondern stellte sich auch selbstbewusst mitten hinein. Am 17. Juni 1993 wurde er nach dem Rücktritt Streibls mit den Stimmen der CSU-Landtagsfraktion zum Ministerpräsidenten gewählt. Er war angekommen im ersten Teil der Nachfolge von Franz Josef Strauß. Die Ära Stoiber konnte beginnen.

Schon als Innenminister musste Stoiber ja erfahren, dass ihn »Sünden« aus der Zeit von Strauß einholen könnten. Ein Risiko, das er als Ministerpräsident nicht eingehen wollte. Also grenzte er sich zwar nicht verbal, aber doch in seinem Handeln radikal ab von Strauß. Seiner Privatisierungskampagne fielen die einstigen Firmen mit Staatsbeteiligung zum Opfer. Von denen wurde ja nicht nur Strauß ziemlich hofiert, ob vom Stromkonzern Bayern-Werke oder der Bayerischen Versicherungskammer. Aufsichtsratstantiemen bei Dutzenden Staatsbeteiligungen, früher ein lukrativer Nebenverdienst für Kabinettsmitglieder und Spitzenbeamte mussten jetzt abgeführt werden in eine staatliche Stiftung. Als Stoiber beim »Aufräumen« in der Staatskanzlei entdeckte, dass ihm als Ministerpräsident kraft Amtes ein jährliches Salär von bis zu 300 000 Mark als »Testamentsvollstrecker« eines Versandhauses zustand, legte er das offen und wies den stolzen Zusatzverdienst zurück. Nicht ohne natürlich öffentlich zu erwähnen, dass seine Vorgänger Streibl und Strauß dies nicht so gehandhabt hatten. Das wurde ihm von der alten »Strauß-Clique« übel genommen. Auch als die Straußkinder Max und Monika in persönliche Turbulenzen gerieten, reagierte Stoiber distanziert und wollte nichts mehr wissen von der alten Verbundenheit.

Ganz gleich, ob Max Strauß in den bis heute undurchsichtigen Komplex um Schmiergeldzahlungen des Waffen- und Flugzeuglobbyisten Schreiber verstrickt wurde oder Straußtochter Monika Hohlmeier in die Wahlfälscheraffäre der Münchner CSU. Klar, dass er als Regierungschef und Parteivorsitzender hier eine klare Linie fahren musste und offiziell keinerlei Einfluss nehmen durfte auf Justiz oder parteiinterne Schiedsgerichte. Aber unter alten Straußanhängern machte sich das Gefühl breit, einer wie Max Strauß werde »regelrecht hingerichtet«. Stoiber, der doch aus früheren Zeiten so viel wissen musste, wollte jetzt überhaupt nicht mehr dabei gewesen sein. Helle Empörung löste es aus, als bayerische Finanzbehörden auf der Suche nach Geld beim insolventen Max Strauß dessen Anteile an der Familiengruft in Rott am Inn pfänden wollten.

Strauß' Tochter Monika gegenüber verhielt sich Stoiber ambivalent. Er berief sie bei seinem Amtsantritt zur Kultusstaatssekretärin und 1998 zur Kultusministerin und drängte sie in schwierigen

Zeiten, den Vorsitz der als Schlangengrube bekannten Münchner CSU zu übernehmen. Als Monika Hohlmeier dann aber plötzlich in einer Affäre um Stimmenkauf und Wahlmanipulationen bei parteiinternen Abstimmungen steckte, versagte ihr Stoiber Solidarität und Unterstützung. Sie musste 2004 unter öffentlichem Druck als Kultusministerin zurücktreten. »Er hat sie auf dem Münchner Schafott geopfert«, knurren noch heute einige Strauß-Getreue. Sie verweisen dann vieldeutig darauf, dass Stoiber doch Patenonkel von Hohlmeiers Sohn Markus sei. »Aber menschlich«, kommt dann gleich hinterher, »hat Stoiber eben von Strauß nichts gelernt.« Wenn Stoiber wirklich einmal von Journalisten gefragt wurde, was er denn von den, Strauß unterstellten, Amigogeschichten und Spezlgeschäften so mitbekommen habe, war von Stoiber zu hören: »Strauß wollte mich bei solchen Dingen nicht dabeihaben.« Stoiber ging auf Distanz zu seinem alten Lehrmeister, ohne sich öffentlich direkt von ihm zu distanzieren. In den letzten Jahren, als Gras gewachsen war über allerlei Skandale, begann er wieder von seinem »Mentor« Strauß zu schwärmen.

Kapitel 3

»Ich habe Anspruch auf euren Widerspruch.« – Stoibers Stärken

Wer mit seinen ehemaligen engen Mitarbeitern über Edmund Stoiber spricht, gewinnt ein sehr differenziertes Bild. Er hat sich gewandelt im Laufe der Jahrzehnte. Das Arbeitstier Stoiber, gerne allwissend und allzuständig, musste seinen Belastungen Tribut zollen und verlor seine Stärken der Anfangsjahre. 1978, als Stoiber CSU-Generalsekretär wurde, entwickelte er intern einen Arbeitsstil des konstruktiven Diskurses. Der Mann, der nach außen hin manches mal so fanatisch festgelegt schien, ein Vollstrecker seines Herrn, und eben diesem Franz Josef Strauß bewundernd wie eifrig zugetan, dieser Mann zeigte bei Mitarbeiterbesprechungen oft ein anderes Gesicht. Stoiber habe da zuhören können und zeigte gelegentlich eine ungeheure Neugier, wird berichtet. »Was halten Sie davon?«, wollte er selbst von überrumpelten Jungspunden in der CSU-Landesleitung wissen. Ganz gezielt wählte er als Generalsekretär kontroverse Themen aus und forderte seine Mitarbeiter zum Widerspruch auf.

Seine Neigung, keiner öffentlichen Auseinandersetzung aus dem Weg zu gehen, war bekannt. Weniger, dass er auch intern kontroverse Debatten suchte und dort überhaupt nicht autoritär auftrat. Im vertrauten Kreise seiner Mitarbeiter konnte Stoiber früher gelegentlich erfrischend temperamentvoll sein. Er war wie ein Schwamm, berichten seine damaligen Mitarbeiter, und er liebte es, sich mit Papieren gründlich vorbereiten zu lassen. Als perfektionistischer Jurist übertrug er diese Arbeits- und Sichtweise auch auf die Politik. Sein Vorgänger im Amt des Generalssekretärs, Gerold Tandler, war dagegen ein Organisationstalent von hoher Professionalität und baute damals mit seinem »Team 70« den behäbigen Parteiapparat der CSU zu einer schlagkräftigen Organisation um. »Danach kam der Stoiber mit seinem fanatischen Fleiß«, schildern politische Weggefährten. Er habe systematisch und rastlos Bayern abgegrast, kein Ortsverein sei ihm zu klein gewesen.

Als Generalsekretär suchte Stoiber nach Gegenpolen. Peter Glotz, einst Vordenker der SPD, war sein Lieblingsgegner, doch er stellte sich auch der Grünen Petra Kelly, dem einstigen SED-Mann Rudolf Bahro und Rudolf Wassermann, dem Vorsitzenden der »Arbeitsgemeinschaft sozialdemokratischer Juristen«. Sogar noch bei seinem Amtsantritt als Ministerpräsident forderte er seine engsten Mitarbeiter auf: »ich habe Anspruch auf euren Widerspruch«. Wurden ihm bei Terminen Begleiter an die Seite gestellt, die er nicht kannte, passierte es schon mal, dass er seinen Büroleiter anblaffte, »den geben Sie mir nicht mehr mit, der gibt mir immer recht«. Mit einem hochrangigen Mitarbeiter der Staatskanzlei konnte sich Stoiber in seinen Anfangsjahren so lustvoll streiten, dass die Sekretärin den Kopf zur Tür reinstreckte, um nachzuschauen, ob die beiden Herrn nicht handgreiflich wurden. Lange Zeit noch, bis in den Beginn der Kanzlerkandidatur hinein, unterzog sich Stoiber willig diesen Rollenspielen mit seinen Mitarbeitern. Einer gab dann beispielsweise den Schröder und setzte Kandidat Stoiber zu. Alle Wenn und Aber wurden durchdiskutiert. Ein sehr unorthodoxer Arbeitsstil also, bei dem im engen Kreis protokollarische und hierarchische Aspekte keine Rolle spielten.

Diese Praxis wurde Stoiber mit zunehmender Belastung durch den Kanzlerwahlkampf zu anstrengend. Er suchte nach geräuschloserer, glatterer Zuarbeit, was ihm aber letztlich eher schadete. Denn mit der Fähigkeit, intern Themen kontrovers zu betrachten, verlor er eine wesentliche Stärke. Der gelegentlich beim späten Stoiber bemerkte Tunnelblick, die Unfähigkeit, bestimmte Dinge wahrzunehmen und adäquat darauf zu reagieren, mag ein Ergebnis dieser veränderten Arbeitsweise sein. Er wurde in seinen letzten Jahren abhängig von möglichst zielorientierter, schneller Beratung.

Edmund Stoiber bestellte kurz nach seinem Amtsantritt als Ministerpräsident den Unternehmensberater Roland Berger in die Staatskanzlei. »Ich war mein Leben lang nur Jurist und Parteipolitiker, von Wirtschaft verstehe ich gar nichts«, gab er unumwunden zu und bat Berger um regelmäßige Unterhaltungen und Ratschläge. Der war von dieser Offenheit beeindruckt. Vor allem als er merkte, dass Stoiber zuhören konnte und nicht besserwisserisch auftrat. Stoiber band in diese Ratgebergespräche auch seine Mitarbeiter ein. Gelegentlich stellte er dann aber doch die Frage: »Können wir dies auch dem Mann im Bierzelt vermitteln?«

Stoiber gelang es mit neuem Stil und konsequenter Abgrenzung zur Ära Strauß und deren Nachwehen unter Streibl, die CSU aus einem gefährlichen Tief herauszuführen. Sie war 1993 auf dem Höhepunkt der neuen Amigogeschichten in Umfragen teilweise auf unter 40 Prozent gesunken. Ein Tief, das bis ins Frühjahr 1994 anhielt. Es war das Jahr der ersten Landtagswahl, bei der Stoiber als CSU-Ministerpräsident zur Abstimmung stand. Er begann jetzt Bayern umzupflügen. Seine engsten Mitarbeitern spornte er mit Sprüchen an, »wir müssen sagen können, wir haben alles versucht«. Keine Lesersprechstunde bei einer Heimatzeitung war Stoiber zu viel. Bei der Europawahl im Juni 1994 holte die CSU 48,7 Prozent, ein gutes Omen für die Landtagswahl im September. Eine Woche vorher standen bereits wieder 50 Prozent für die CSU in den Umfragen. Am Wahltag waren es dann stolze 52,8 Prozent.

Dieses gute Ergebnis war ein Riesenansporn für Stoiber und ein Grund, seine Anstrengungen noch zu verstärken. Bereits 1993 setzte er eine »Projektgruppe Verwaltungsreform« ein, die ein 20-Punkte-Programm entwickelte. Planungen und Genehmigungen für Investitionen zu vereinfachen war eine längst überfällige Aufgabe. Es wurden Sonderbehörden abgeschafft und Verwaltungsabläufe gestrafft. Der neue Besen Stoiber kehrte gut und entstaubte das Innere des Freistaats Bayern. Bereits 1994 entstand die »Offensive Zukunft

Bayern«, die im Jahr 2000 von der »Hightech-Offensive« abgelöst wurde. Diese Ideen stammten auch aus einer intensiven Politikberatung von außen. Den schon vor seiner Zeit gegründeten »Wissenschaftlich-Technischen-Beirat« der Staatsregierung weckte Stoiber aus dem Dornröschenschlaf. Er forderte Vorschläge für Bildung, Forschung und Technologie. 1995 kam die neugegründete Gesellschaft »Bayern Innovativ« dazu. Deren größter Nutzen ist die Vernetzung mit inzwischen mehr als 50 000 Firmen und 500 Instituten in 50 Ländern. Eine mit externen Fachleuten besetzte Entbürokratisierungskommission sollte der Staatsregierung Vorschläge für vereinfachte Verwaltungsabläufe liefern. Das schlug zwar in der Praxis nicht wirklich durch, aber es war immerhin ein Anfang gemacht. Irgendwie fehlte vielen auch der Glaube, dass ausgerechnet der so fakten- und aktenverliebte Stoiber Bürokratie entrümpeln wolle. Das Thema hat ihn aber nicht mehr losgelassen, wie sein jetziges ehrenamtliches Engagement in der EU-Entbürokratisierungskommission zeigt.

Als Voraussetzung für die neuen Investitionsprogramme entwickelte Stoiber das Leitmotiv »Gestalten statt Besitzen«, der Staat müsse keine Anteile an Firmen besitzen und nicht als Unternehmer auftreten. Der Stromkonzern Bayernwerke, das von Strauß gehätschelte Luft- und Raumfahrtunternehmen MBB und die Bayerische Versicherungskammer wurden verkauft. Bei der Privatisierung staatlicher Unternehmensanteile gab es für Stoiber keine heiligen Kühe, 4,3 Milliarden Euro erlösten die Verkäufe von Staatsbeteiligungen. Er verzichtete gegen den Widerstand der Opposition auf dieses über Jahrzehnte gepflegte Tafelsilber. Damit finanzierte Stoiber die deutschlandweit einzigartigen Investitionsprogramme »Offensive Zukunft Bayern« und »Hightech-Offensive. Ein Teil der Privatisierungserlöse floss in Kultur-, Sozial und Bildungsfonds. Jeweils dreistellige Millionensummen wurden da gut angelegt. Mit den Zinserträgen konnten zahlreiche kleinere Projekte bezuschusst werden. Eine geschickte Strategie zum Wohle des Landes, aber auch zum höheren Ruhme der Staatsregierung und der vor Ort agierenden CSU-Abgeordneten.

Besonders stolz, und das zurecht, ist Edmund Stoiber auf die Durchsetzung eines bayerischen Staatshaushaltes ohne neue Schulden. Das war lange nur Wunschdenken vieler Finanzminister, die aber die Neuverschuldung nie entscheidend vermindern konnten. Stoiber zog wie ein Prediger über die Lande und mahnte vor der Verantwortung gegenüber nachwachsenden Generationen. Sein Credo »Wir dürfen nicht auf Kosten unserer Enkel leben« wiederholte er ohne Unterlass und machte es zu einem seiner zentralen Regierungsziele. Es war wohl kein Zufall, dass just zu jener Zeit Stoiber zum ersten Mal Großvater wurde. 1998 leitete er in einem Kraftakt die Haushaltssanierung ein. Stoiber wollte sich und seine Staatsregierung bewusst festnageln lassen und überzeugte seine Landtagsfraktion von einem entsprechenden Haushaltsgesetz. Darin wurde das Ziel festgeschrieben, einen Etat ohne Nettoneuverschuldung anzustreben. 2006 war es dann so weit, der erste ausgeglichene Haushalt seit Langem in der Bundesrepublik Deutschland wurde vorgelegt.

Die Opposition im Bayerischen Landtag warf daraufhin der Regierung allerlei Finanzierungstricks vor und sprach vom Kaputtsparen. Aber dank bundesweit anspringender Konjunktur erhielt auch im Folgejahr der ausgeglichene bayerische Staatshaushalt ein festes Fundament. Mehr noch, es konnten sogar Rücklagen gebildet werden. Bayern, schon vorher das Land mit der niedrigsten Pro-Kopf-Verschuldung, baute seinen Vorsprung weiter aus. Grundlage dafür war der von den Strategen der Staatskanzlei mit Stoiber ersonnene Dreiklang »Sparen, Reformieren, Investieren«. Die erforderlichen

Einschnitte aber, die kurzfristig und ohne Absprache mit Betroffenen durchgepeitschten Reformen trafen die Bevölkerung, die CSU-Wählerschaft, die Partei und die Regierungsfraktion im Landtag völlig unvorbereitet. Denn all das wurde in erhöhtem Tempo nach dem furiosen Sieg in der Landtagswahl 2003 vorangetrieben.

Der Wahlsieg war von der Regierung Stoiber gut vorbereitet worden. Geschickt setzte sie auf Missstimmung gegenüber der rot-grünen Bundesregierung unter Schröder und entwarf das Gegenbild des Bundeslandes Bayern. Edmund Stoiber, der die Bundestagswahl 2002 nur knapp verloren hatte, war damals auf dem Höhepunkt seines Einflusses auch in der Bundespolitik. Er mischte als primus inter pares der Ministerpräsidenten über den Bundesrat staatsmännisch verantwortungsvoll mit und stabilisierte die Union. Das Wahlvolk belohnte das mit der Zwei-Drittel-Mehrheit. Vor dem Wahltag war in Bayern kein Wort über den großen, dann so rigide umgesetzten Reformbedarf zu hören. Ein Kardinalfehler, den Stoiber beim politischen Gegner scharf kritisiert hätte und der sich dann rächte. Er war ein Auslöser der allmählichen Erosion seiner nur scheinbar ausgebauten Machtbasis. Plötzlich war die Glaubwürdigkeit Stoibers beschädigt. Er aber nahm das nicht zur Kenntnis, ignorierte Mahnungen und drängte voran.

Eine Stärke Stoibers war lange seine Lernfähigkeit. Seine Aufgeschlossenheit Beratern gegenüber half ihm in der Anfangsphase als bayerischer Regierungschef. Wenn er von fundierten Ratschlägen überzeugt war, und das passierte auffällig oft, setzte er Dinge entschlossen um. Sogar sein Verhältnis zu den Gewerkschaften verbesserte sich da gerade sensationell. Ein bayerisches Bündnis für Arbeit stieß er an, was ihm die vielzitierte Huldigung »Lichtgestalt« durch den bayerischen DGB-Boss Fritz Schösser einbrachte. Ein Verhältnis, das später zwar wieder in alte Gräben zurückfiel, aber in Stoibers Anfangsjahren schmückte ihn die konstruktive Zusammenarbeit mit den Arbeitnehmervertretern. Gleichzeitig zeigte er ein bei Strauß erlerntes großes Beharrungsvermögen, wenn es galt, einmal beschlossene Vorhaben auch gegen Widerstand durchzuboxen. Bei Strauß war es der Flughafen München II im Erdinger Moos, bei Stoiber der atomare Forschungsreaktor II in Garching bei München. Nur nicht einknicken vor Protesten und Demonstrationen, lautete die Devise. Es zahlte sich aus. Heute sichern beide Einrichtungen Bayerns Spitzenstellung. So war das eigentlich langfristig auch bei der atomaren Wiederaufarbeitungsanlage WAA in Wackersdorf und bei der Magnetschwebebahn Transrapid in München gedacht. Doch wie Strauß, damals bei der WAA, so verkalkulierte sich sein Schüler 18 Jahre später mit dem Transrapid. Die Industrie ließ Strauß wie Stoiber im Regen stehen, beide hatten sie die Kraft des Faktischen überschätzt und scheiterten letztlich auch am öffentlichen Widerstand.

Gerne ließ Stoiber während seiner Regierungszeit, und besonders bei den Bilanzen nach seinem politischen Ende, seinen Ruf des »Kunstförderers« verbreiten. Er, der vermeintlich eindimensionale Hightech-Freak, müsse doch eigentlich als der größte Schöngeist seit den Königen in die Geschichte Bayerns eingehen, meinte er, durchaus ernst, in den wenigen rückblickenden Gesprächen. Auf alle Fälle war Stoiber gut beraten, als der den Sprüchen von »Tradition und Fortschritt« oder »Laptop und Lederhose« Leben einhauchte. Fünf neue staatliche Museen wurden in seiner 14-jährigen Regierungszeit eröffnet, der Bau zweier weiterer beschlossen. Stoiber nahm sich erstaunlich viel Zeit für Kulturgespräche und schaffte es sogar mit dem kauzigen Lothar Günther Buchheim das »Museum der Phantasie« am Starnberger See zu verwirklichen. Stoiber füllte die Rolle eines gut beratenen obersten Sachwalters des Kulturstaates Bayern mit unermüdlichem Elan aus.

Das Parteiorgan »Bayernkurier« legte zum CSU-Parteitag am 29. September 2007 eine »Sonderausgabe Bayerns erfolgreiche Jahre mit Edmund Stoiber« vor. Da waren auf einer Doppelseite auch Grußadressen von 15 Ministerpräsidenten veröffentlicht. Außer im Beitrag des rheinland-pfälzischen SPD-Ministerpräsidenten Kurt Beck zog sich die Anerkennung für Stoibers Leistung um den Wirtschafts- und Technologiestandort Bayerns durch alle Zeilen. Die Beschreibungen Stoiber'scher Eigenschaften glichen sich. Von Fleiß, Durchsetzungsvermögen, Disziplin, von Kompetenz und Pflichtbewusstsein war die Rede und von einem überzeugten Föderalisten. Sehr haben sich da seine früheren Ministerpräsidentenkollegen nicht verbiegen müssen, obwohl sie bei gemeinsamen Konferenzen und Sitzungen manches mal stöhnten über Stoibers penible Art, alles noch einmal durchzugehen. Durchstrukturiert bis ins Letzte und mit wenig Humor gesegnet, sei er gewesen, berichteten sie außerhalb der offiziellen Grußadressen. Für den manchmal süffisanten Ton, für ironische Bemerkungen der Länderkönige hatte Stoiber keine Antennen, merkte nicht, wie sie ihn bisweilen persiflierten. Sie machten sich sogar in Stoiber-Sketchen über ihn lustig. Er wusste das, aber ignorierte es. Über sich selbst zu lachen ist ihm nicht gegeben. Aber seine Ministerpräsidentenkollegen nutzten über Stoiber auch die Schlagkraft der bayerischen Verwaltung, wenn es galt, im Wettbewerb mit dem Bund etwas durchzurechnen. Fehlte es an Zahlen und Hintergründen hieß es »Stoiber mach«, und die hervorragend aufgestellte Staatsverwaltung des Freistaats Bayern lieferte dann meist das gewünschte Faktenmaterial.

Nüchternes Zahlenmaterial belegt, Stoiber hat Bayern in den 14 Jahren seiner Regierungszeit nach vorne gebracht wie kaum einer vor ihm. Das zeigt eine ganze Serie von Balkendiagrammen in der 30-seitigen »Erfolgsbilanz«, die die CSU-Landesleitung unter dem

Stichwort »Stoiber« abgespeichert hat. Von Anteil der Beschäftigten in Forschung und Entwicklung, über die bayerische Selbstständigen- und Existenzgründerquote bis hin zum Zuwachs bei sozialversicherungspflichtigen Beschäftigten und bei der Verminderung der Arbeitslosigkeit. Überall liegt Bayern bundesweit an der Spitze. Außerdem: Niedrigste Pro-Kopf-Verschuldung bei gleichzeitig hoher Investitionsquote über dem Bundesdurchschnitt. Dass Bayern hier einst einsamer Spitzenreiter war und durch den Stoiber'schen Sparkurs absackte wird natürlich verschwiegen. Auch der Gläubigkeit an die PISA-Bildungsstudien wird in den Bilanzen gehuldigt. Auch hier lagen Bayerns Schüler vorn, ungeachtet der schon unter Stoiber beginnenden und bis heute andauernden Elternproteste über zu große Klassen, fehlende Lehrer, Unterrichtsausfall und hohe Schulabbrecherquoten. Stolz ist Bayern auch auf seine Kriminalitätsstatistik. Die wenigsten Delikte und die höchste Aufklärungsquote. Für den früheren Innenminister Stoiber war das immer ein Markenzeichen seiner Politik.

Im Mai 1995 war Edmund Stoiber der erste bayerische Ministerpräsident, der auf dem Gedenktag zur Befreiung des Konzentrationslagers Dachau auftrat. Er hielt dabei nicht nur eine sensible Rede über Schuld und Versagen, sondern stockte auch die staatlichen Fördermittel für die Erinnerungskultur im KZ Dachau auf.

In der Familienpolitik dauerte es etwas länger, bis Stoiber aus Erkenntnissen Taten machte. Er war schon unter Strauß Vorsitzender der CSU-Familienkommission. Doch die verharrte noch mehr im Lobpreis der Werte traditioneller Familienstrukturen. Eine Haltung, zu der auch der noch von Stoiber ausgelöste Kampf der CSU für ein Betreuungsgeld passt. Eine Gegenbewegung zu dem auch in Bayern jetzt nach öffentlichem Druck vorangetriebenen verstärkten Ausbau von Kinderkrippen. Nach häuslicher Seelenmassage führte

Stoiber in seinen letzten Jahren hier endlich einen Sinneswandel in der CSU herbei. Als sich die Klagen seiner ältesten Tochter Constanze häuften, es sei in Bayern schwer, mangels Krippenplätzen, Beruf und Familie zu vereinen, reagierte Stoiber ziemlich schnell, wenn auch reichlich spät.

Das einmal für richtig Erkannte konsequent umsetzen und dann hinter dem zu stehen, was er sagte, zeichnete Stoiber lange aus. Das waren bei ihm weniger spontane Eingebungen als vielmehr das Ergebnis einer internen Beratungs- und Diskussionskultur. Er pflegte das über mehr als die Hälfte seiner 14-jährigen Regierungszeit und vernachlässigte es erst mit zunehmender Beanspruchung als CSU-Chef, Kanzlerkandidat und getriebener Teilnehmer vieler Koalitionsrunden. Zu groß war die vermeintliche Allzuständigkeit geworden und der Druck der teilweise selbstverordneten Unentbehrlichkeit. Stoiber hat das nicht erkannt, den Verlust einstiger Stärken nicht realisiert. Da nutzte es auch nichts, dass er mit den Ergebnissen seines letzten eingesetzten Beratergremiums der »Zukunftskommission Bayern 2020« weit über seine Zeit hinausdenken wollte. Die Herausforderungen waren richtig erkannt, doch Stoibers Bemühen vorausschauend verantwortlich zu handeln, kam nicht mehr an bei der Bevölkerung. Wie wenig Stoiber das realisierte, zeigte sich daran, dass er noch Mitte Juli 2007 mit einer Regierungserklärung ein 1,5 Milliarden-Euro-Sonderprogramm »Zukunft Bayern 2020 – Kinder, Bildung, Arbeitsplätze« verkündete. Im Ansatz durchaus richtig, aber ein halbes Jahr nach seinem angekündigten und zehn Wochen vor seinem tatsächlichen Rücktritt. Das wirkte nicht wie ein Vermächtnis, sondern mehr als gängelnde Schulmeisterei für seinen Nachfolger Günther Beckstein, auch wenn der als stellvertretender Ministerpräsident die Entstehung des Programms im Kabinett brav abgenickt hatte.

Kapitel 4

»Er merkt es nicht!« – Verlust der Bodenhaftung

Wie so oft liegen auch bei Edmund Stoiber Stärken und Schwächen eng beieinander. Er schaute immer nach vorne, Erledigtes, Vergangenes gar hakte er ab. Rückblicke, Augenblicke der Besinnung hatten keinen Platz im Alltag des vorwärtsdrängenden Politikers. Das mag eine effiziente und oft nützliche Haltung sein, ist aber auch eine egoistische, und die Nachhaltigkeit, der damit erzielten Erfolge, wird an anderer Stelle ausführlich diskutiert. Machiavelli verlangt vom Herrscher, dass dieser, getragen von seinen Leuten, nie die Loyalität nach unten verlieren dürfe. Ein Grundsatz, den Stoiber im Umgang mit Weggefährten häufiger verletzt hat. Er hat das in seinem Vorwärtsdrang vergessen, vielleicht auch vergessen wollen. Dadurch ließ er in seiner langen politischen Karriere auch Menschen zurück. Sie waren ihm entweder nicht mehr nützlich, nicht mehr wichtig genug, oder sie mussten als Sündenböcke herhalten für fehlerhafte Entwicklungen unter seiner Regierung. Das Opfern von Ministern und Staatssekretären ist zwar eine durchaus gebräuchliche und auch vielleicht sogar legitime Art, um Blitze abzuleiten, die den »Fürsten« treffen könnten, aber es ist nicht ohne Bedeutung, wie das Bauernopfer gebracht wird. Es kann nicht immer nur darum gehen, Entschlossenheit zu zeigen, es kommt auch darauf an, die Betroffenen einzubinden, Verletzungen gering zu halten oder zu kompensieren. Auch in der Politik zahlt sich eine menschliche Umgangsweise langfristig aus.

Es gab während Stoibers 14-jähriger Regierungszeit einen Gang der ehemaligen Kabinettsmitglieder im Bayerischen Landtag. Ihnen wurden im Hauptgebäude die schönsten Arbeitszimmer zugewiesen, quasi als kleiner Ausgleich für den Verlust der Privilegien im Ministeramt und die unfreiwillige Rückkehr ins Leben als »einfache« Abgeordnete. Die Liste dieser Stoiberopfer ist lang. Die Umstände ihrer Absetzung waren meist schlagzeilenträchtig. Politische

Fehleinschätzungen gingen voran, grobe handwerkliche Fehler, natürlich auch Affären von Kabinettsmitgliedern im Umgang mit der Macht. Es gab da und dort auch Widerstand von Ministern bei politischen Vorgaben von Stoibers Staatskanzlei. Aber vor allem wenn Stoiber glaubte, sein Lack könnte Kratzer abbekommen, wählte er, ohne mit der Wimper zu zucken, das Bauernopfer der Ministerentlassung. Peter Gauweiler, Alfred Sauter, Hermann Leeb, Manfred Weiß, Reinhold Bocklet, Barbara Stamm, Monika Hohlmeier – alles einst enge Weggefährten Stoibers. Sie wurden schnell und unerbittlich geopfert, ohne große Erklärungen und auch, so beklagten sie, unter Missachtung menschlichen Anstands. Dafür war keine Zeit, kein Gespür – oder war es zwischenmenschliche Scheu? Gleichwie, so etwas rächt sich.

Natürlich steht es einem Ministerpräsidenten zu, sein Kabinett zu verändern. Da gibt es oft banale Gründe, wie den berühmten Regionalproporz, ein meist erfolgreiches CSU-Prinzip für den Flächenstaat Bayern.

Schon der vermeintlich so starke Strauß bestückte sein Kabinett oft mit Vertretern einzelner Regierungsbezirke, nur damit dort nicht über regionale Zurücksetzung geklagt wurde. Das hehre Ziel, nur die Besten im Kabinett zu versammeln, ist praxisfern. Regionalproporz bei der Ämtervergabe wird zwar von den Medien gerne als überkommen kritisiert, doch wenn einer der sieben bayerischen Regierungsbezirke leer ausgeht bei der Kabinettsbildung, stochern die lokalen Blätter monatelang in dieser Wunde. Da die CSU in den Städten München, Nürnberg und Augsburg zusätzlich eigene Bezirksverbände hat, müssen auch die beim Postengeschiebe berücksichtigt werden. Ein Preis, den die Politik wohl zahlen muss, wenn sie landesweit verankert bleiben will. Die CSU jedenfalls ist in über vier Jahrzehnten nicht schlecht damit gefahren.

Die meisten der unsanft Ausrangierten liefen in den Folgejahren nicht unbedingt als Stoiberfans durch die Lande. Sie glichen eher Brandsätzen und waren mithin von Journalisten gesuchte Gesprächspartner, vor allem als sich nach Stoibers Berlin-Pleite dunkle Wolken zusammenzogen, Unverständnis und Unmut in der CSU wuchsen. Ohne jetzt einem oder einer Einzelnen dieser menschlich von Stoiber Enttäuschten konkrete Urheberschaft für das Anwachsen der Kritik zuzumessen, zu seinen Fürsprechern gehörten sie bestimmt nicht. Und ihr Wort hatte durchaus Gewicht in den zunehmend unzufriedenen Diskussionen und Lagebestimmungen der Regierungsfraktion. Nach und nach, so umschreibt es einer der Enttäuschten, fielen die kleineren und größeren Gemeinheiten wieder auf Stoiber zurück.

Edmund Stoiber charakterisierte sich selbst als Mensch mit »preußischer Dienstauffassung«. Als »Bayerns letzter Preuße« wurde er oft verspottet. Selbst Angela Merkel, die beim Abschiedsparteiabend für Stoiber Ende 2007 eine von Anspielungen durchsetzte Rede gehalten hatte, drückte Bewunderung aus für den oft nervenden »preußischen Stoiber«. Solche Ironie konnte dieser aber selbst am Schluss nicht hinnehmen. Flapsige Bemerkungen, selbst von politischen Freunden, missdeutete er schnell als Zynismus. Ironie zu erkennen und anzunehmen zählte nicht zu Stoibers Stärken. Er war meist viel zu ernst bei der Sache. Für ihn war Ernst der einzige Umgang mit Politik und eine unabdingbare Voraussetzung für den Erfolg. Er glaubte an die eigene Überlegenheit, hart erarbeitet durch Fleiß, Ausdauer und Genauigkeit. Seine Überzeugung »es gibt keinen Besseren als mich« für die Bayern AG und die »Firma CSU« machte ihn in diesem Punkt zu einem Narziss im Amt. Bei öffentlichen Auftritten prahlte er, stolz darauf zu sein, in Berlin als »Dr. No« verspottet zu werden. Stoiber beklagte sich nur manchmal über

»Vorurteile«, die über ihn kursierten. Auch nach seinem Abschied drang das in den wenigen und zurückhaltend formulierten Interviews durch. Viele hätten nicht verstanden, dass er zwar mit »großer Leidenschaft, aber nicht mit Abhängigkeit« Politik gemacht habe. Doch aus dieser Leidenschaft war längst eine Abhängigkeit entstanden und der unverrückbare Glaube an die eigene Überlegenheit und Unentbehrlichkeit erwachsen.

In seiner letzten Bierzeltrede als Ministerpräsident im oberbayerischen Mühldorf kündigte er, nach dem üblichen Dozieren und Bilanzieren, noch eine persönliche Bemerkung an. Das Gemurmel an den Biertischen verstummte. Was folgte, passte zu Stoiber: »Es war eine tolle Zeit, ich bin dankbar dafür, dass ich 29 Jahre in Spitzenpositionen, vom Generalsekretär bis zum Ministerpräsidenten in Bayern, in Deutschland und in Europa das Land mitgestalten konnte ... Ich stelle mich immer in den Dienst der Partei, weil ich die Ziele, über die ich ein bisschen sprechen konnte, ich habe Tag und Nacht durchgearbeitet. Manchmal hat man sich ein bisschen lustig gemacht über die Aktenliebe des Ministerpräsidenten. Nur ich sage Ihnen ganz ehrlich, mich hat in den 29 Jahren niemand über den Tisch gezogen, weil ich immer alles wusste, über was geredet wurde.«

»Ich bin doch kein Asket, wie ihr immer glaubt, leider nicht«, verteidigte sich Stoiber gelegentlich, deutete auf seine fülliger gewordenen Hüften und hob das Weinglas. Solche Momente blieben aber außerhalb der Familie selten. Wenn Stoiber klagte, bei ihm werde der Politiker Stoiber immer auch gleich mit dem Menschen Stoiber gleichgesetzt, hat er sich das selbst zuzuschreiben. Der Mensch Stoiber funktionierte in der Öffentlichkeit fast ausnahmslos als homo politicus. Private Plaudereien hielt er für Zeitverschwendung. Da kam zwar manchmal die Frage »wie geht es denn in ...«, doch nach wenigen Sätzen der Antwort war Stoibers abwesendem Blick anzusehen, dass in seinem Kopf schon wieder ein politisches Thema kreiste. Prompt kam dann auch der Zeigefinger und die nächste Analyse ... »also in der Föderalismuskommission ...«.

In den letzten Jahren entfernte sich Stoiber von Parteifreunden, die private Kommunikation verkümmerte. Die Abgeordneten waren zwar oft beeindruckt von seinen politischen Analysen, fürchteten sie aber auch zunehmend. Wenn Stoiber ab 2002, ob als Kanzlerwahlkämpfer, rastloser Reformierer oder uneinsichtiger Rückkehrer aus Berlin vor der CSU-Landtagsfraktion, seine grünen Zettel auspackte, seufzten viele. »Er merkt es nicht mehr, dass er über unsere Köpfe hinwegredet.« Die Landtagsabgeordneten hätten sich häufiger ein persönliches Wort von Stoiber gewünscht, aber das wäre ja nur zu schaffen gewesen, wenn dieser weniger gehetzt, nicht zu spät gekommen wäre oder sich hinterher noch ein paar Minuten für gelöste Gespräche genommen hätte. Aber da war er längst ein Sklave seines überfrachteten Terminkalenders.

Stoiber hatte in seinen letzten Jahren den Kontakt zum »Frühwarnsystem Regierungsfraktion« verloren. Es war ihm zwar bewusst, dass er die Abgeordneten, die ihn groß gemacht hatten, immer häufiger ignorierte, aber er entschuldigte das vor sich mit den Notwendigkeiten der Macht. So etwas ist durchzuhalten, wenn die Stellung des Regierungschef stark ist, doch Stoibers Sockel war längst brüchig. Er selbst war sich dessen nicht bewusst. Es gab wohl konkrete Warnungen, aber er wollte sie nicht hören. Dahinter steckte auch der Glaube an die hart erarbeitete eigene Stärke: »Letzten Endes bin ich nie ausgefallen, keinen Tag glaube ich. Ich glaube nicht, dass ich in 29 Jahren einen Termin nicht halten konnte.« Ja, das war ihm wichtig, nie gefehlt zu haben. Ein Leben lang ein Berserker. Das kopfgesteuerte Arbeitstier Stoiber konnte gar nicht mehr ohne diesen Druck. Nur, früher ging er besser damit um und registrierte die Stimmungen in seinem Umfeld. Diese Stärke verloren zu haben, parteiinterne Kommunikation nur noch formalisiert und nicht mehr auch zwischenmenschlich zu gestalten, waren wohl, neben den handwerklichen Missgriffen der letzten Jahre, seine größten Fehler. Er, dem die Herzen der Partei nie zugeflogen waren, erreichte sie jetzt gar nicht mehr. Damit konfrontiert, krauste er die Stirn und wehrte kopfschüttelnd ab: »Ich habe einen anderen Eindruck. Aber wenn andere ihn haben, dann werde ich das bedauern, aber es ist halt wie es ist, ich bin sehr zufrieden.

Uneinsichtigkeit, der falsche Glauben an die Richtigkeit der eigenen Entscheidungen können eine gefährliche Langzeitwirkung entfalten. Stoiber, der mit vielen seiner politischen Beschlüsse Bayern auf die Erfolgsspur brachte, sah nur das große Ganze, wollte Bayern nach vorne bringen. Das ist ihm zweifellos gelungen, wie keinem seiner Vorgänger. Die wichtigsten äußeren Rahmendaten sprechen da für sich, von Arbeitslosigkeit bis Wirtschaftswachstum, von den Schuldendaten bis zur inneren Sicherheit oder den kulturellen Leistungen. Doch eine glänzende äußere Bilanz allein ist nicht genug, wenn die Befindlichkeiten des Unterbaus vernachlässigt werden. Nicht Skandale stürzten Stoiber, sondern das Überhören der Signale. Nicht die Ziele seiner Politik waren falsch, sondern zunehmend die Art der Umsetzung. Wer sich nicht umschaut, ob die anderen folgen können, muss sich nicht wundern wenn die Zurückbleibenden maulend stehen bleiben. Nach dem Erreichen der Zwei-Drittel-Mehrheit im Bayerischen Landtag, nach diesen furiosen, unerwartet hohen 60,7 Prozent, verlor Stoiber die Erdung. Er ließ sich blenden vom Übermaß der Zustimmung. Jetzt wollte und konnte er es allen zeigen. In ihm saß noch tief der Stachel der verlorenen Kanzlerwahl 2002. Er missinterpretierte das Landtagswahlergebnis als Freibrief dafür, seine richtigen politischen Visionen im erhöhten Tempo durchzusetzen, ohne lästiges Eingehen auf Reaktionen und Gefühle der Betroffenen.

Alle Wahlanalysen führten das gute CSU-Ergebnis auf einen Stoiber-Bonus zurück. Ein Dank der Wähler an den unermüdlichen Einsatz des bayerischen Ministerpräsidenten auch bei der verlorenen Kanzlerwahl 2002. Und ein bundespolitisches Signal gegen Rot-Grün. Die Regierung Schröder stand 2005 auf dem Tiefpunkt ihres Ansehens, das riss die bayerische SPD ins Tief und trug Stoiber nach oben. Es waren die Zeiten, da auch in Hessen und Niedersachsen die Union die Antipathie gegen die rot-grüne Berliner Koalition in gute Wahlergebnisse ummünzen konnte. Angesichts des grandiosen Ergebnisses verloren viele in der CSU aus dem Blick, dass trotz der 7,8 Prozentpunkte relativer Stimmenzunahme für die CSU aber absolut 234 000 Wähler weniger ihr Kreuz bei den Christsozialen machten. Die Grünen dagegen verbuchten bei einem Plus von zwei Prozent fast 100 000 Stimmen mehr. Die CSU profitierte von der beunruhigend niedrigen Wahlbeteiligung in Bayern. Nur noch 57,1 Prozent gingen zu den Urnen, 12,7 Prozent weniger als 1998. Damals und vier Jahre zuvor hatte Stoiber diese Wahlbeteiligung sogar noch steigern können und noch mehr CSU-Wähler mobilisiert.

Sensationell viele Stimmen fuhr Edmund Stoiber bei der Bundestagswahl 2002 in seinem heimatlichen Bundesland ein. Die Richtungswahl lockte 81,5 Prozent der bayerischen Wahlberechtigten an die Urne. Ein Jahr später bei der Landtagswahl stand dagegen der überragende Sieg der CSU nicht infrage, viele CSU-Wähler blieben also daheim. Sogar SPD-Wähler wechselten zu Stoiber, und der sah sich trotz rückläufiger Stimmen im Übermaß bestätigt. In der Bayerischen Staatskanzlei wurde die Parole »Durchregieren« ausgegeben. Bei der Umsetzung verlor Stoiber nie das Ziel, wohl aber das Maß aus den Augen. Ein entscheidender Grund für die Erosion seiner Macht.

In seiner Regierungserklärung 2003 kündigte Stoiber weitreichende Reformen an, was breite Verwunderung und Überraschung auslöste. Vor der Wahl war von ihm noch in verbindlichem Ton die gute Stellung Bayerns gelobt worden, nach der Wahl war nur noch von notwendigen tiefgreifenden Einschnitten die Rede. So als gelte es den Freistaat vor dem Untergang zu retten. Ein krasser Kontrast, der weder angekündigt noch richtig kommuniziert wurde, und zwar weder nach innen noch nach außen. Plötzlich klang alles anders als vor der Wahl. Versprechen, die im Wahlkampf gegeben worden waren, galten nicht mehr. Da ging bei den Betroffenen auch ein Stück Vertrauen in die Verlässlichkeit und Kalkulierbarkeit der Politik verloren. Das traf die CSU, aber mehr noch ihren Ministerpräsidenten. Ein schleichendes Unbehagen war die Folge, innen und außen. In der christsozialen Landtagsfraktion machte sich Verunsicherung breit, das Vertrauen in die berühmte Aktionseinheit von CSU-Parlamentariern und ihrem Ministerpräsidenten begann zu schwinden. Gerade im Zuge der Verwaltungsreform wurde fraktionsintern viel diskutiert, auch kritisiert, was Stoiber anscheinend aufnahm, aber nicht immer umsetzte. Immer öfter tauchte deshalb die Frage »und wie lange gilt das jetzt?« auf. Ein gefährlicher Ansehensverlust Stoibers, der sich später, nach seinem Rückzieher aus Berlin, der unnötigen Pauli-Affäre und all seinen falschen Reaktionen darauf, noch verstärken sollte.

Stoiber ordnete in seiner bayerischen Regierungserklärung 2003 dem Ziel des ausgeglichenen Staatshaushalts beinahe alles unter. Er kündigte massive Kürzungen in fast allen staatlichen Zuschussbereichen an. Angestellten und Beamten im öffentlichen Dienst verordnete er zwei Stunden Mehrarbeit, obwohl er ihnen noch vor der Wahl persönlich versprochen hatte, es bleibe bei der 40-Stunde-Woche. In einer Hauruckaktion wurde die gymnasiale Schulzeit in Bayern um ein Jahr verkürzt. Auch hier war der Standesorganisation, dem Philologenverband, versichert worden, es bleibe vorerst beim neunjährigen Gymnasium, weil ein G 8 noch besser vorbereitet werden müsse. Eine Kehrtwende, mit der niemand rechnen konnte. War doch noch vor dem Wahltag zu Schulbeginn der neue Lehrplan für das G 9 ausgeliefert worden. Stoibers Versprechen, den Lehrplan des achtjährigen Gymnasiums »um 60 Prozent« zu kürzen, wurde übrigens bis heute nicht eingelöst.

Die Durchsetzung von Sparprogrammen und eine tiefgreifende Verwaltungsreform löste eine Welle des Widerstands im Lande aus. Die traf vor allem die CSU-Abgeordneten mit voller Wucht. Ihre berühmte Vernetzung mit allen Verbänden und Lobbygruppen, für die CSU stets eine Garantie des Machterhalts, wurde plötzlich zur Last. Die Abgeordneten wurden geprügelt für Dinge, die sie ohne ausreichende Mitsprache und Diskussion mittragen, ja beschließen mussten. Plötzlich gingen die gleichen Gruppen, die mit der CSU bislang paktiert hatten, auf die Straße. Lehrer, Polizisten, Landwirte, Förster. Die Beamten protestierten, Hochschulen, Kommunen, Wohlfahrtsverbände, alle hatten sie das Gefühl, es werde etwas über ihre Köpfe hinweg beschlossen. Einigen Kürzungen wohnte eine besondere Härte inne, etwa beim Blindengeld, bei der Schuldnerberatung und der Erwachsenenbildung. Betroffene wurden kaum eingebunden und angehört. »Jetzt hebt er ab der Stoiber«, machte sich als Stimmung breit. Verstärkt wurde das Ganze noch durch das willfährige Exekutieren des Staatkanzleiministers Erwin Huber. Der trug seit 2003 sogar den Zusatz »Minister für Verwaltungsreform«. Als solcher gab er den unerbittlichen Vollstrecker und setzte um, was im kleinen Kreis der Staatskanzlisten ausgeheckt wurde. Der Huber zugeschriebene Ausspruch, »wer den Sumpf trocken legen will, darf nicht die Frösche fragen«, wurde ihm von der Opposition wie von den zahlreichen Demonstranten empört um die Ohren gehauen. Er bestritt zwar, diesen Spruch in Zusammenhang mit Reformen und Sparpolitik gesagt zu haben, wurde ihn aber nicht mehr los. Zu gut passte das zu seinem oft als überzogen empfundenen diensteifrigen und kalten Handeln.

Ein vieldiskutiertes, weil markantes, Detail der Stoiber'schen Reformwut war die überraschende Ankündigung, das Bayerische Oberste Landesgericht abzuschaffen. Stoiber verkaufte es als Sparbeitrag der Ministerialbürokratie. Es war ein lächerlicher Millionenbetrag, der in keinem Verhältnis stand zum Imageverlust, den Stoiber damit Bayerns Rechtspflege zufügte. Denn das Bayerische Oberste Landesgericht war eine bundesweit hochgeachtete und einzigartige Institution. Fast 400 Jahre alt, war es stets ein Beleg für Bayerns Eigenständigkeit, das sich zusätzlich zu den sonst üblichen Oberlandesgerichten eine oberste Spruchinstanz auf dem Gebiet des Zivil- und Strafrechts leistete. Es konnte bei bayerischen Rechtsbeschwerden anstelle des Bundesgerichtshof entscheiden und traf als übergeordnete letzte Instanz der bayerischen Oberlandesgerichte auch viele Entscheidungen, die bundesweit registriert wurden. Entsprechend groß war das Entsetzen in Juristenkreisen. Die CSU-Landtagsfraktion registrierte das sehr wohl und versuchte Stoiber unter Druck zu setzen, damit er seine Entscheidung nochmals überdenke. Als dieser spürte, dass ihm bei dieser angeblichen Sparmaßnahme die Gefolgschaft verweigert wurde, drohte er, zwar leicht verklausuliert, aber doch deutlich, mit der Vertrauensfrage. Damit setzte er die Abgeordneten unter Druck. Die standen jetzt vor der Alternative: Untergraben wir die Autorität des Ministerpräsidenten und beschädigen ihn damit schwer oder stimmen wir zähneknirschend der Abschaffung eines Gerichts zu. Sie stimmten bekanntlich zu, wenn auch mit geballter Faust in der Tasche.

Damit offenbarte sich bei einem, im Vergleich zur gesamten Verwaltungsreform, kleinen Bereich eine gefährliche Problematik. Auf dem äußerlichen Höhepunkt seiner Macht, als Vater der Zwei-Drittel-Mehrheit im Landtag, verlor Stoiber ein Stück seiner Autorität und musste, um sie zu erhalten, mit der Machtfrage drohen. Ein früher undenkbarer Vorgang. Stoiber, für den es mit seiner Fraktion immer bergauf ging, der Motor des Fortschritts in Bayern, passierte plötzlich einen Wendepunkt und bemerkte es in seiner Getriebenheit nicht. Er wollte beweisen, dass sein knappes Scheitern als Kanzlerkandidat ein Verlust für ganz Deutschland war. In Bayern zeigte er es jetzt allen und wollte beim »Sparen, Reformieren, Investieren« bundesweite Maßstäbe setzen.

Die CSU-Abgeordneten mussten bittere Pillen schlucken: Auflösung von Forstämtern und Amtgerichtszweigstellen, Stellenstreichungen bei vielen Behörden draußen im Lande. Gleichzeitig wurde die teure Verlagerung von Teilen des Landesamtes für Umweltschutz ins ferne Hof durchgedrückt, das stand im Widerspruch zu den angeblich so dringend notwendigen Sparmaßnahmen anderer Behörden. Überall im Land standen die CSU-Abgeordneten unter Druck, Maßnahmen der Regierung zu rechtfertigen. Dabei hagelte es weniger Kritik für das Was, also das übergeordnete Ziel der Haushaltssanierung, als für das Wie. Ausgerechnet Stoiber, der vorher immer sensibel auf Stimmungen reagiert, sich von Meinungsumfragen abhängig gemacht hatte, waren jetzt, wie er sich ausdrückte, »die Demos wurscht«.

Die allmähliche verkümmernde Bereitschaft Stoibers, seine Politik im Diskurs zu entwickeln, einst eine Stärke von ihm, entfremdete ihn auch von den Kommunalpolitikern seiner Partei. Schlechte Steuereinnahmen führten 2004 zu rasch wachsenden Finanzproblemen der Kommunen, die das aber auch mit dem strikten Sparkurs der Staatsregierung in Verbindung brachten. Es gab da zwar nur einen sehr begrenzten Zusammenhang, aber Stoiber wurde auch hier plötzlich zur Zielscheibe von Kritik. Er verweigerte sich zwar keinen Gesprächen mit kritischen CSU-Kommunalpolitikern, vermochte diese aber nicht zu überzeugen. Es war wieder das bekannte Phänomen, die Betroffenen wurden zwar angehört, gingen aber mit dem Gefühl nach Hause, ihre Argumente seien nicht ernst genommen worden. Denn da wusste es einer immer besser und zeigte das auch. Die kommunalpolitische Basis der CSU war verstimmt. Eine gefährliche Entwicklung, bezog die Partei doch immer auch aus Verankerung in der Kommunalpolitik und den Ortsverbänden Stärke wie Erdung. Das Fundament zeigte mehr und mehr Risse. Es gab erste Ankündigungen von CSU-Mandatsträgern, bei der nächsten Wahl nicht mehr für die CSU zu kandidieren. Das gefährliche Stimmungstief unter den CSU-Kommunalpolitikern begann sich erst 2006 zu drehen. Die Konjunktur sprang deutschlandweit an, in Bayern besonders. Die Steuereinnahmen sprudelten und die Finanzen der Kommunen besserten sich. Stoiber wandte sich 2005 nach seiner Rückkehr aus Berlin verstärkt der Kommunalpolitik zu, versprach eine Erhöhung des kommunalen Finanzausgleichs und beruhigte die Situation wenigstens auf diesem Felde. Doch der Stimmungsumschwung war damit nicht aufgehalten.

Die vorgezogene Bundestagswahl 2005 wurde zum Kulminationspunkt des Ansehensverlustes und damit des Machtverfalls von Edmund Stoiber. Sein bundesweites Renommee hatte 2002 einen Höhepunkt erreicht. Seither wurden von ihm gebetsmühlenhaft und selten ohne Bitternis die fehlenden 6000 Stimmen angeführt.

Aber es ist ein Trugschluss zu glauben, dass es anderenfalls für einen Kanzler Stoiber gereicht hätte. Denn bei genauem Hinsehen hätten 6000 Stimmen mehr für die Union zwar bedeutet, dass diese die stärkste Fraktion im Bundestag gestellt hätte. Doch der mögliche Koalitionspartner der SPD, die Grünen, lag mit 8,6 Prozent deutlich vor dem potenziellen Unionspartner FDP mit 7,4 Prozent. Schröder hatte also so und so seine Mehrheit. Stoibers Niederlage war dennoch knapp und bitter. Ein so starkes Ergebnis hatten ihm viele nicht zugetraut, Angela Merkel fuhr drei Jahre später ein wesentlich schlechteres ein. Doch Stoiber konnte mit seiner Niederlage natürlich nicht zufrieden sein. Er hätte so gerne bewiesen, dass es ein CSU-Kandidat zum Bundeskanzler bringen kann. Die Tatsache, in der Relation besser abgeschnitten zu haben als sein Lehrmeister Strauß, war ihm da weder Trost noch Motivation. Es war nach eigenem Bekunden der »bitterste Moment« seiner langen Karriere, zumindest bis zur Landtagswahl 2008. Er hat das lange nicht verwunden und machte auch darum in den Folgejahren Fehler. Er wäre so gerne in Berlin der Erste gewesen. Ein Ziele das ihn nicht losließ und letztlich sein Verhalten bestimmte, bis hin zu seinem blamablen Rückzieher vom Amt des Bundeswirtschaftsministers.

Schon von 2004 an zeichnete sich ab, dass nicht die CSU, sondern Edmund Stoiber persönlich in Bayern an Zustimmung verloren hatte. Die Leute akzeptierten zwar das verantwortungsvolle Ziel der Haushaltssanierung, aber Stoibers Popularität hatte gelitten. Als der Absturz der SPD bei der Landtagswahl in Nordrhein-Westfalen Bundeskanzler Schröder in einer Panikreaktion zur Ausrufung von vorgezogenen Neuwahlen trieb, war klar, jetzt tritt Angela Merkel für die Union als Kanzlerkandidatin an. Stoiber blieb als Parteivorsitzendem nur die Spitzenkandidatur für die CSU in Bayern. Das war zunächst noch keine Festlegung auf einen Wechsel nach Berlin.

In der Partei und vor allem auch in den Medien entbrannte aber eine rege Debatte über Stoibers künftige Rolle. Bund oder Bayern?

Noch vor der Sommerpause 2005 war die Mehrheit der CSU-Landtagsfraktion der Meinung, es sei besser, wenn Edmund Stoiber in München bliebe. Stoiber galt als Garant für künftige Erfolge, ein Nachfolger war nicht in Sicht, die Partei scheute zu Recht die Konsequenzen einer personellen Neuorientierung. Doch als die CSU-Landtagsfraktion im September 2005 zu ihrer ersten Sitzung nach der Sommerpause zusammentrat, hatte sich das Meinungsbild ins Gegenteil gewandelt. Immer mehr Abgeordnete konnten sich vorstellen, dass der CSU-Vorsitzende künftig in Berlin wirken könnte. Es wollten ihn immer mehr loswerden. Der teilweise verunglückte Sommerwahlkampf Stoibers hatte die Wahrnehmung verändert. Die schon latent schwelende Unzufriedenheit mit Stoiber nahm allgemein zu. Die Medien registrierten und verstärkten das. Er aber wollte das nicht wahrhaben. Stoibers Methode mit Kritik umzugehen blieb die gleiche: Blick nach vorn und weiterrackern. Er hatte sich schon vor seinem kurzzeitigen Wechsel nach Berlin von Bayern entfernt. Die enorme Beanspruchung, die er sich selbst auferlegte und die auch von ihm gefordert wurde, hatte ihre Spuren hinterlassen. Er hatte sich zerrieben zwischen all den Problemen, die er bewältigen wollte, von Bayern über den Bund, Europa bis zur Weltpolitik. Dabei stand Edmund Stoiber die größte Zerreißprobe noch bevor. Die Wochen vor und nach der Bundestagswahl im Herbst 2005 sollten sein Schicksal werden.

Kapitel 5

»Du hast den Bayern ihren Stolz genommen.« – Der verhinderte Superwirtschaftsminister

Stoiber geht nach Berlin.

Stoiber flieht aus Berlin.

Flucht aus der Verantwortung, so etwas passt eigentlich nicht zu ihm. Deshalb hat ihm sein Tanz um Berlin auch den Kopf gekostet. Doch an jenem 1. November 2005, als er seinen Verzicht auf das »Superwirtschaftsministerium bekannt gab«, war Edmund Stoiber längst nicht mehr der Alte. Er hatte seine Instinkte verloren. Er hatte sich in einen ich-bezogenen Machtmenschen gewandelt, der auf langjährige politische Weggefährten nicht mehr hören wollte. Dadurch verspielte er, was ihm sein Leben lang so ungeheuer wichtig war, Macht und Einfluss. Ausgerechnet Stoiber, der immer im Dienste seiner Partei handelte, dem seine CSU ein Leben lang über alles ging, verlor diese Leitlinie aus den Augen. Er merkte es wohl nicht oder wollte es sich nicht eingestehen, sonst hätte er vermeiden können und müssen, was die CSU in der Folge mehr als zwei Jahre lang in schwere Turbulenzen brachte.

Das Zögern und Zaudern des Spitzenkandidaten schon im Vorfeld der Bundestagswahl drückte den Stimmenanteil der CSU entscheidend nach unten. Mit 49,8 Prozent verlor sie fast neun Prozentpunkte gegenüber der Wahl 2002. Lockte damals der Kanzlerkandidat Stoiber überdurchschnittlich viele CSU-Wähler an die Urnen, war es diesmal umgekehrt, denn der Zauderer Stoiber gab vielen das Gefühl, der will ja nicht und bedarf keiner besonderen Stärkung. Stoiber hat das übrigens hinterher so interpretiert, dass jene CSU-Anhänger, die wünschten, er solle in Bayern bleiben, deshalb nicht zur Bundestagswahl gegangen seien. Seit den Sommermonaten wich er beharrlich der Frage aus, ob er denn nun bei einem Wahlsieg der Union in ein Kabinett Merkel wechseln würde oder nicht. Er handelte hier nach alter Strauß'scher Tradition, nur ja nicht zu früh festlegen, wohl auch, weil er sich Merkel nicht unterordnen wollte.

Das hatte Folgen. Seine Glaubwürdigkeit litt. Auch Angela Merkel wurde bewusst im Unklaren darüber gelassen. Stoiber hat das anschließend damit entschuldigt, dass sich Merkel 2002 bei seiner Kandidatur ja auch nicht festgelegt habe. Aber Angela Merkel war damals in keiner starken Position. Stoiber wiederum galt als der bayerische Besserwisser mit glänzenden Bilanzen, der endlich einmal antreten sollte, um zu beweisen, was er bundespolitisch immer forderte. Sein Taktieren drückte auf die Stimmung der CSU-Symphatisanten. Seine groben verbalen Ausfälle im Wahlkampf verprellten Wähler in Bayern, in der ganzen Republik und besonders im Osten.

Im August 2005, mitten im Sommerwahlkampf, den der CSU-Vorsitzende zwar engagiert, aber doch seltsam gebremst durchzog, unterliefen Stoiber schwere taktische Fehler. Angesichts guter Umfragewerte für die PDS, machte Stoiber aus seinem Herzen keine Mördergrube. Die ostdeutschen Bundesländer hatten ihn 2002 eher ablehnend empfangen, da gab es, wie in Norddeutschland übrigens auch, oft lautstarke Proteste bei Stoibers Auftritten. Also sprach er 2005 aus, was er und sicherlich auch manch andere dachten, aber was er nie hätte sagen dürfen: »Ich akzeptiere nicht, dass letzten Endes erneut der Osten bestimmt, wer in Deutschland Kanzler wird.« Stoiber setzte auf diese verhängnisvolle Äußerung noch eins drauf, wohl motiviert vom Beifall auf einer bayerischen Wahlkampfveranstaltung: »Es darf nicht sein, dass letztlich wieder die Frustrierten über das Schicksal Deutschlands bestimmen.« Trotz aufgeregter Kommentare und einer scharfen bundesweiten Zurückweisung dieser spalterischen Thesen trat Stoiber in der gleichen Wahlkampfwoche ins nächste Fettnäpfchen. Nach seinem üblichen Loblied auf die Stärke Bayerns verglich er seinen Freistaat mit den Bundesländern Sachsen und Sachsen-Anhalt. Dort gebe es Defizite, weil

»wir haben eben nicht überall so kluge Bevölkerungsteile wie in Bayern«. Unbedachte oder ganz bewusste verbale Ausrutscher? Meinungsforscher prognostizierten als Folge weitere Verluste für die Union im Osten und behielten recht. Stoiber patzte ausgerechnet in einer Zeit, als CDU und CSU nach einem Stimmenhoch schon wieder im Sinkflug waren. Außerdem nörgelte Stoiber öffentlich an der Wahlkampfstrategie der Union herum. Dies wurde selbst in CSU-Kreisen als illoyal gegenüber Merkel interpretiert. Stoiber war in das alte, bei Strauß eingeübte, CSU-Rollenbild des Grantlers aus Bayern zurückgefallen. Vergleiche mit den ewigen Querschlägen von Strauß gegen seinen Dauerkontrahenten Kohl wurden gezogen. Nicht die Politik von Edmund Stoiber stand in der Kritik, sondern sein Verhalten.

Das Geziehe um die Frage, geht der CSU-Spitzenkandidat nun nach Berlin oder nicht, wurde für die Kanzlerkandidatin Merkel zur Belastung. Bereits Ende Juni 2005, drei Monate vor der Wahl, gab es erste Meldungen, Merkel habe Stoiber gebeten, in eine von ihr geführte Bundesregierung einzutreten. Angeblich solle Stoiber, der für die CSU vier Ministerposten beanspruchte, das Amt des Außenminister übernehmen. Aus München kam nur ein weiches Dementi. Es sei noch keine Entscheidung gefallen, es bleibe beim Fahrplan, dass Stoiber sich erst nach der Wahl festlege. Weitere Zeitungsberichte wollten dennoch wissen, dass Merkel Stoiber an Fronleichnam 2005 in einem Vier-Augen-Gespräch eindringlich gebeten habe, in eine künftige Bundesregierung zu wechseln. Stoiber habe seine Zustimmung angedeutet. Superminister für Wirtschaft und Finanzen oder Außenminister seien seine Präferenzen. Stoiber bestreitet diese Postenwünsche im Nachhinein. Der Chef der Unionsschwester habe eben Grundansprüche auf Ämter, wenn er in eine gemeinsame Regierung wechsle, müsse sich da aber nicht festlegen.

Es verfestigte sich jedoch der Eindruck, Stoiber ziere sich divenhaft und fordere Sonderrechte ein.

Doch inzwischen waren auch einige Provinzfürsten der CDU bei den Landtagswahlen erstarkt. Ministerpräsidenten wie Roland Koch aus Hessen, Christian Wulff aus Niedersachsen und Peter Müller aus dem Saarland akzeptierten immer weniger eine herausgehobene Rolle des bayerischen Ministerpräsidenten. Er blockierte mit seinem Zögern auch die Karrieren anderer. Koch hätte sich bekanntlich von Merkel gern als Kandidat für das Amt des Bundesfinanzministers nominieren lassen. Doch Merkel waren hier die Hände gebunden, weil sie nicht wusste, ob Stoiber kommen und dann dieses Amt beanspruchen würde. Dies führte zur unglücklichen Kompromisslösung, den Verfassungs- und Steuerrechtler Paul Kirchhof als Schattenfinanzminister ins Kompetenzteam zu holen. Der vermeintliche Joker Merkels wurde dann zu einer Trumpfkarte Schröders. Kirchhof geriet mit seiner Idee eines »flachen Steuersatzes« und einer gleichwertigen Besteuerung von Löhnen, Zinsen und Gewinnen zwischen die Mühlsteine der Politik. Der von Schröder nur noch als »Professor aus Heidelberg« titulierte Kirchhof wurde mit seiner Steuerrevolution deutschlandweit nicht verstanden und auf SPD-Plakaten als »Radikal unsozial« beschimpft. Meinungsforscher bestätigen, dass Kirchhofs Rolle sich negativ ausgewirkt habe auf die Umfragewerte der Union. Stoiber fällt da indirekt eine Mitschuld zu.

Auch in Bayern hingen die unerwartet hohen Stimmenverluste der CSU bei der Bundestagswahl mit der Ungewissheit über Stoibers weiteres Wirken zusammen. Dieses »geht er oder bleibt er« und sein teilweise als Arroganz ausgelegtes Verhalten im Wahlkampf spalteten die CSU-Klientel. Überraschend viele Stammwähler blieben zu Hause. Hätte sich Stoiber anders verhalten, wäre die CSU bei der

Bundestagswahl 2005 mit Sicherheit nicht unter 50 Prozent gefallen. Das Ergebnis wäre zwar schlechter gewesen als 2002, wo er mit einem weitgehend klugen und für seine Verhältnisse wenig polarisierenden Vertrauenswahlkampf punktete. Er zehrte auch davon, dass er in Bayern mit guten Bilanzen den Höhepunkt seiner Macht erreicht hatte. Aber wenn Stoiber 2005 mit der Parole um CSU-Stimmen geworben hätte, »macht unsere Partei stark, schickt einen einflussreichen Stoiber an die Seite von Merkel nach Berlin, dann kann ich ganz oben für die Durchsetzung von CSU-Grundsätzen kämpfen«, hätte das die CSU-Anhänger motiviert. Doch Stoibers Instinkte waren, auch unter dem Einfluss falscher Beratung, verkümmert. Er taktierte zu lange und entschuldigte das vor sich auch noch mit seinem steten Streben zum Wohle der CSU. Für einen bayerischen Politiker stünden eben Bayern und Deutschland »gleichwertig nebeneinander«. Da sei der Eintritt in die Bundesregierung eben nicht unbedingt ein »Karrierehöhepunkt«.

»Ja wer soll's denn machen außer mir?« Ein mehrfach überlieferter Ausruf des Edmund Stoiber. Unter Bezug auf Strauß stellte er in seinen letzten Jahren die Frage, wie es in der Partei weitergehen solle, wenn er eine andere Aufgabe übernehme. Diesen an Überheblichkeit grenzende Glauben an die eigene Unentbehrlichkeit konnte er auch deshalb ausleben, weil ihm in der CSU keiner widersprach. Auch nicht die, die sich später sehr wohl berufen fühlten. Günther Beckstein, Erwin Huber, Horst Seehofer. Sie kuschten vor Stoibers vermeintlich unersetzbarer Größe. Damit hielt sich Stoiber seine nie berufenen, inoffiziellen Kronprinzen klein und bescherte seiner Partei mehrfach Zerreißproben. Als er dann doch kurzzeitig nach Berlin wechselte, spaltete die Nachfolgefrage die CSU-Basis. Es begann das belastende parteiinterne Ringen Becksteins und Hubers.

Die Bundestagswahl 2005 erbrachte eine sehr schwierige Konstellation. Der dominante Gerhard Schröder trieb die Union mit seinem testosterongeschwängerten Auftritt in der Fernsehrunde zu demonstrativer neuer Geschlossenheit hinter Angela Merkel. Er sprach ihr jedes Recht ab, eine Regierungsbildung anzustreben. Die große Koalition war unausweichlich geworden. Die SPD wollte aber den Preis für eine Regierungsbeteiligung möglichst hochhalten und früh personelle Weichenstellungen durchsetzen. Deshalb fielen nicht, wie sonst üblich, erst am Ende der Koalitionsverhandlungen die personellen Entscheidungen, sondern bereits am Anfang. Dadurch kam Stoiber in Zugzwang. Er musste sein Taktieren aufgeben. Es gab eine Art Krisensitzung mit den engsten Mitarbeitern in der Bauernstube seiner Wolfratshausener Doppelhaushälfte. »Option offenhalten«, lautete die Devise, aber noch nicht endgültig entscheiden, ob er als Bundesminister nach Berlin gehen werde. Nur Karin Stoiber war immer noch gegen einen Wechsel an die Spree. Das heißt nicht, dass sie damals offen widersprach, aber sie war auch nicht explizit dafür, was einer Ablehnung gleichkam. Sie hatte wohl eine intuitive Vorahnung davon, was ihren Mann in der Bundeshauptstadt erwartete. Sie wusste, dass er in München eine repräsentative und protokollarisch hervorgehobene Stellung aufgeben würde, die er in Berlin als Kabinettsmitglied nicht annähernd einnehmen konnte. Unter Stoibers Mitarbeitern aber gab es auch manche, die ihm deshalb zuredeten, weil sie insgeheim der Meinung waren, er könne als CSU-Chef und wichtiger Bundesminister wieder neues Renommee gewinnen. Sie spürten, dass der Druck, unter den er sich setzte, allmählich zu stark wurde. Sein unermüdlicher Drang, als Ministerpräsident stets die beste aller besten Bilanzen vorzulegen, dann noch all die Repräsentationspflichten für den Freistaat und nicht minder rastlos, als CSU-Vorsitzender Partei, Koalition und internationale Kontakte zu beackern, all das begann ihn zu überfordern, verriet ein langjähriger Wegbegleiter.

Stoiber entschied sich dann im letzten Moment doch für Berlin.

Es war klar, dass damit sofort die Nachfolgefrage entbrennen würde. Es gab nur zwei mögliche Kandidaten, auf die sich die Diskussion auch konzentrierte: entweder der populäre Innenminister Günther Beckstein oder der Reformvollstrecker und kundige Staatskanzleiminister Erwin Huber. Evangelischer Franke der eine, katholischer Niederbayer der andere. Ein landsmannschaftlicher und konfessioneller Kontrast, wie er nur in Bayern eine gewichtige Rolle spielten konnte. Beide, Beckstein wie Huber, glaubten, diese Chance zum Aufstieg ins angeblich »schönste Amt der Welt« komme nie wieder. Huber, drei Jahre jünger als der 62-jährige Beckstein, warf als Erster seinen Hut in den Ring. Beckstein reagierte zurückhaltender, wusste aber, dass er in der Regierungsfraktion die besseren Karten hatte. Stoiber wollte sich aber nicht festlegen und bezeichnete beide als hervorragende Kandidaten.

So kochte der fraktionsinterne Machtkampf weiter. Beckstein und Huber gaben sich zwar stets diplomatisch, ließen aber ihre Fußtruppen marschieren. Das Rivalenspiel mit den jeweiligen Sympathisanten führte zu gegenseitigen Entfremdungen bei einzelnen Abgeordnetengruppen. Es kam zu gefährlichen Lagerbildungen in der großen 124-köpfigen Fraktion. Stoiber wurde gedrängt, den Konflikt zu lösen. Es drohte eine Palastrevolution. Die Fraktion wollte eine Entscheidung, ein Ende der sie spaltenden Hängepartie. Notfalls wollten sie per Kampfabstimmung den Stoibernachfolger küren. Stoiber lud die beiden Kontrahenten zum Spitzengespräch in die Staatskanzlei. Als dann plötzlich ein Nürnberger CSU-Landtagsabgeordneter Stoiber per Interview zum Rücktritt aufforderte, was bedeutete, den Weg freizumachen für den Franken Beckstein, lag eine Sensation in der Luft. Vor der Staatskanzlei und vor dem Landtag in München fuhren Übertragungswagen der Rundfunk- und Fernsehanstalten auf. Doch Stoiber signalisierte, er sei schließlich noch im Amt und beharrte darauf, erst müssten die Berliner Koalitionsverhandlungen am 14. November abgeschlossen sein. Dass sein Nachfolger gekürt werde, bevor sein Wechsel nach Berlin definitiv feststehe, verbat sich Stoiber. Er setzte sich damit auch durch. Er glaubte nach wie vor, dass er zusätzlichen Druck aufbauen könne für die Koalitionsverhandlungen im Bund, wenn er bis zuletzt offen lasse, ob er trotz Ankündigung wirklich ins Kabinett wechsle.

Die Spannungen nahmen zu, erst in der dritten Novemberwoche 2005 hätte eine Abstimmung stattfinden können. Vorher aber stand noch eine Fraktionsreise nach Rom auf dem Programm, mit Besuch beim bayerischen Papst. Eine alptraumhafte Konstellation, denn der fraktionsinterne »Ministerpräsidentenkrieg« würde mitfliegen. Seit Tagen wurden die Abgeordneten von Journalisten belagert. Es gab ständig neue Wasserstandsmeldungen über die Chancen Becksteins und Hubers. In diese aufgeheizte Stimmung platzte am 1. November 2005 die Nachricht, Stoiber schmeißt hin in Berlin. Am nächsten Tag starteten die CSU-Abgeordneten nebst Ehefrauen zu ihrer dreitägigen Reise. Es war wie ein schlechtes Drehbuch.

Schon auf der gemeinsamen Hinreise im Flugzeug stand der Fraktionsvorsitzende Joachim Herrmann auf und flocht in seine Begrüßungsansprache eine gefährliche Ankündigung ein: »Es gab in letzter Zeit Irritationen«, »wenn Bayern Bayern bleiben soll, muss sich was ändern«. Der Wortlaut ist überliefert, der starke Beifall ebenfalls. Der mitfliegende Stoiber hörte sich das unbewegt an. Es gelang ihm während der nächsten drei Tage nicht, die aufgebrachte Stimmung der Fraktion zu beruhigen. Sein Rückzieher war eine Bombe. Die Abgeordneten fühlten sich vor den Kopf gestoßen. Es fielen

Sätze wie »so geht das nicht«, »wir sind massiv genervt«, »wir fühlen uns regelrecht verarscht«. Das Selbstwertgefühl der Abgeordneten war tief verletzt. Die Frauen und Männer der Fraktion, von Stoiber in Sonntagsreden gerne als »Humus der Partei« gerühmt, fühlten sich zum Spielball degradiert. Da hatten sie seit Wochen um die Nachfolge Stoibers gerungen. Eine Frage, die zur Lagerbildung führte, alte Freundschaften belastete und allen im Magen lag. Aber sie nahmen es als notwendig hin.

Bei der eigentlich zur Stärkung des Zusammengehörigkeitsgefühls geplanten Romreise herrschte eine aufgeladene Stimmung, und der Ministerpräsident nahm sich kaum Zeit, mit den Abgeordneten in lockerer Atmosphäre zu sprechen. Da hätte er um Verständnis werben können, einmal von Mensch zu Mensch erklären können, warum er seine so lange hinausgezögerte Entscheidung plötzlich revidierte. Doch Stoiber hatte dazu keine Lust. Letztlich belanglose politische Gespräche mit italienischen Regierungsvertretern gingen vor. Natürlich war Stoiber auch beim Papst, wo sich sogar ein kleiner Smalltalk über seinen selbst den Heiligen Vater erstaunenden Rückzieher entwickelte. »Peinlicher geht es nicht«, wurde in der Heimat kommentiert. Stoiber aber ignorierte die aufgeheizte Stimmung seiner CSU-Fraktion. Er tat so, als würde jetzt halt wieder normal weiterregiert. Er bemerkte nicht, wie brüchig sein Sockel längst geworden war. Der Druck in der CSU-Regierungsfraktion stieg. Stoibers Zukunft stand in diesen Novembertagen 2005 erstmals auf der Kippe.

Eine Woche nach der Rückkehr aus Rom entlud sich in der Fraktionssitzung ein Gewitter. Die Stimmung eskalierte. Massive Kritik und aggressive Redebeiträge prägten die dramatischste und turbulenteste Fraktionssitzung seit Stoibers Amtsantritt. Mehr als fünf Stunden lang kochte hinter verschlossenen Türen der ganze Unmut der letzten Wochen. Von Stoiber wurde eine »echte Bewusstseinsänderung« gefordert, mehr Teamarbeit, sprich die Einbindung der Regierungsfraktion in anstehende Entscheidungen. Also nicht mehr nur schneidige Vorgaben aus der Staatskanzlei, die die Abgeordneten oft nur über Pressemitteilungen erfuhren und sie dann abzunicken hatten. Kritik kam auch an den häufigen Kurswechseln der Regierung Stoiber, bei denen kurzerhand abgeschafft wurde, was eben noch als Fortschritt gepriesen worden war. Doch im Mittelpunkt der erregten Debatte stand Stoibers Rückzieher. Der schwäbische CSU-Abgeordnete Alfred Sauter brachte die Gefühle der Fraktion auf den Punkt: »Du hast den Bayern ihren Stolz und dem Freistaat seinen Nimbus genommen.« Großer Beifall. Die Situation war dramatisch. Hätte nur ein Fraktionsmitglied den Mut besessen, in dieser aufgeheizten Stimmung die Vertrauensfrage aufzuwerfen, die Entwicklung wäre wohl unkalkulierbar geworden. Doch dann hätte der damals laut Umfragen in der Beliebtheit weit vor Stoiber liegende Innenminister Günther Beckstein als personelle Alternative zur Verfügung stehen müssen. Aber Beckstein, der ja nach Stoibers angekündigtem Wechsel kurzfristig schon auf dem Sprung zum ersehnten Ministerpräsidentenamt war, besaß nicht den Mut, offen gegen Stoiber anzutreten. »Ein Beckstein taugt nicht zum Revoluzzer«, bekannte er hinterher unter vier Augen. Beckstein hätte in einer großen Koalition wohl Bundesinnenminister werden können, wenn Stoiber von Anfang an in München geblieben wäre. Seine Enttäuschung war also doppelt groß. Kurzfristig überlegte er aufzuhören und wieder in seine Nürnberger Anwaltskanzlei zurückzukehren. Nur nach energischem Zureden seiner resoluten Frau Marga, die ihm »Wehleidigkeit« vorwarf, kehrte er wieder ins bayerische Kabinett zurück.

Auch Erwin Huber wurde durch Stoibers Sinneswandel düpiert. Als Staatskanzleiminister stand er im Ruf, Auftragsarbeiter ohne eigenes Profil zu sein, peitschte er doch mit besonderer Schärfe und fast schon blindwütigem Eifer die Reformpolitik durch. Mit seiner Ministerpräsidentenkandidatur wollte er das Signal aussenden: ich kann auch anders, ich habe durchaus eigenständiges Profil. Huber setzte auf die gerne gepflegte Vormachtstellung der Altbayern gegenüber den Franken, hätte aber 2005 gegen Beckstein keine wirkliche Chance gehabt. Huber war dann auch 2007, bei Stoibers Ende, eher Mitläufer des parteiinternen Aufstands und keine treibende Kraft bei der revolutionären Neuorientierung der CSU.

Fassungslos, irritiert und getroffen ließ Edmund Stoiber den Ausbruch seiner Parteifreunde in jener Fraktionssitzung nach der Romreise über sich ergehen, raffte sich aber zu einer Entschuldigung auf. Für einen kurzen Moment warf er sich vor seiner Fraktion in den Staub: »Ich leide selbst außerordentlich, ich leide wie ein Hund«, versicherte er und entschuldigte sich auch dafür, dass das Ansehen der CSU durch seinen Rückzug vom Berliner Regierungsamt »ein Stück Schaden« genommen habe. Es war die demütige Bitte um eine zweite Chance. Für den machtbewussten CSU-Chef ein unglaublicher Kniefall. Aber hatte Stoiber wirklich kapiert, was Sache ist? Angesichts der weiteren Entwicklung ist das zu bezweifeln. Er erhöhte wieder mal das Tempo und versuchte, in die Offensive zu gehen. Er kündigte eine Serie von Basiskonferenzen mit den CSU-Bezirksverbänden an. Veranstaltungen, bei denen weiterhin Dampf abgelassen werden konnte und bei denen er sich Notizen machte zum Beweis seiner Lernfähigkeit. Das Kernproblem aber blieb. Stoiber konnte und wollte sich nicht mehr ändern. Auf einem kleinen CSU-Parteitag in Augsburg wiederholte er noch im November 2005 seine Entschuldigung. Er bekam wieder vordergründigen Beifall, als er betonte, natürlich werde er weiterhin die von ihm verlassene Berliner Koalitionsregierung mit voller Kraft unterstützen. Doch Stoibers Stellung war inner- und außerhalb der CSU geschwächt. Ansehen und Respekt, die er sich durch seine Leistungen erworben hatte, waren verflogen. Seine frühere Autorität in Berlin hatte er verspielt, und auch in Bayern fand er nicht mehr zu alter Stärke zurück. Vielen CSU-Anhängern fehlte das Verständnis für seine Rochaden. Es hatte für sie den Anschein, als sei der sonst so stark auftrumpfende Stoiber beim ersten Gegenwind davongelaufen. Eine Reaktion, die ihm eigentlich niemand zugetraut hätte.

Nach den nur scheinbar reinigenden Gewittern in der CSU wurde dennoch mühsam versucht neue Einigkeit herbeizureden. Landtagsfraktionschef Joachim Herrmann verbreitete Zuversicht. »Wir sind überzeugt, dass Stoiber die Kraft hat, sich und uns aus einer schwierigen Situation herauszuführen.« Der Genannte übte sich weiter in ungewohnter Bescheidenheit und bekannte, er sei »sehr beeindruckt, sehr bewegt und sehr zufrieden über die Kritikbereitschaft, aber auch die Loyalität in meiner Fraktion«. Worthülsen, die einen Bruch zu verdecken suchten, der jedoch nicht mehr zu kitten war. Stoiber blieb innerlich wütend, dass der Fraktionsvorsitzende den offenen Widerstand und die Kritik gegen ihn hatte laufen lassen. Das war er nicht gewohnt. Stoiber war immer noch der Meinung, der Erfolg der CSU in Bayern, äußerlich durch die Zwei-Drittel-Mehrheit im Landtag eindrucksvoll dokumentiert, sei hauptsächlich sein Verdienst. Sein Misstrauen wuchs. Sägte etwa schon der Fraktionschef an seinem Stuhl? Ein Gefühl, das Stoiber bis zu seinem Ende nicht mehr losließ. Er hätte von Herrmann erwartet, dass dieser die Fraktion an die Kandare nehme. »Was hast du gegen mich«, stellte er ihn in der Folge mehrfach zur Rede. Doch Herrmann verfocht auch weiter seinen Grundsatz, alles, auch Kritik am Ministerpräsidenten, müsse fraktionsintern ausdiskutiert werden. Das sollte Stoiber in den Kreuther Nächten des Januar 2007 noch zu spüren bekommen.

Ende 2005 blieb in der CSU eine Katerstimmung zurück, doch der Zwang zu konstruktiver Zusammenarbeit mit Stoiber überdeckte manche Befindlichkeit. Rastlos war der CSU-Chef und Ministerpräsident in Bayern unterwegs. Er schien wieder Unterstützung zurückzugewinnen und sein Tief überwinden zu können. Doch der Nimbus des Edmund Stoiber war weg und, gefährlicher noch, auch der Ruf Bayerns war beschädigt. Stoibers Kehrtwende entfaltete die negative Wirkung, vor der mehrere CSU-Spitzenpolitiker Stoiber gewarnt hatten. Das war vor allem auch außerhalb der Landesgrenzen zu spüren. Das beobachteten die CSU-Bundestagsabgeordneten in der Unionsfraktion und das registrierten auch Führungskräfte aus anderen Bereichen. Das verspürten aber auch die Bayern selbst und besonders die CSU-Anhänger.

Stoiber hatte in innenpolitisch schwierigen Zeiten das Ansehen Bayerns beschädigt. Anfang November 2005 ermittelte eine Forsa-Umfrage, dass 69 Prozent der Bayern kein Verständnis für Stoibers Rückzug hätten, 77 Prozent sagten, er solle 2008 bei der Landtagswahl nicht mehr als Ministerpräsident antreten, 50 Prozent der Befragten stimmten sogar der Forderung zu, Edmund Stoiber solle sofort sein Amt niederlegen. Der große Edmund, einst unangefochtener Führer eines, dank seiner konsequenten Regierungsarbeit allgemein bewunderten und respektierten Spitzenlandes, war auf gefährliches Normalmaß zusammengeschrumpft. Die Achtung war weg, Ironie und Witzeleien nahmen zu. Plötzlich wurden seine verbalen Stottereien, diese Wortungetüme des unvollendeten Nebensatzes zum Inhalt ironischer Anspielungen. Früher wurden sie auch als manchmal nervend registriert, aber doch als Ausrutscher eines überaus Engagierten hingenommen. Jetzt aber begleiteten Stoiber seine Sprachstolpereien bis zu seinem politischen Ende. Seine »gludernde Lot«, sein »in zehn Minuten«-Transrapid-Wirrwarr, sein Fussballkauderwelsch und seine »Kompetenz-Kompetenz« kursierten zuerst im Internet und dann auf vom politischen Gegner vertriebenen CDs. Stoiber der »Problembär«. Ein Kult, der ihn aber nicht populärer machte.

Kapitel 6

»Er war langatmig und kurzentschlossen.« – Rückzug aus Berlin

Die Gründe für Edmund Stoibers abrupte Rückkehr aus Berlin sind der Bevölkerung bis heute nicht vollends klar. Selbst seiner eigenen Partei konnte er sich nie richtig verständlich machen. Auch nach seinem Aus in Bayern 2007 zog er sich immer wieder auf das alte Erklärungsmuster zurück, er habe als mächtiger Ministerpräsident und CSU-Chef von München aus mehr Einfluss nehmen können auf die Bundespolitik.
Im Vordergrund stand das immer wieder ausgesprochene »ja, wer soll es denn sonst machen«, diese überzogene Selbsteinschätzung, nur er könne den Freistaat Bayern richtig führen. Stoiber sah sich selbst als »Vorstandschef der Bayern AG«. Ein Chef, der über den anderen stand und Teamwork zuletzt nur noch als willfährige Zuarbeit definierte.

Edmund Stoiber hat nie einen Zweifel daran gelassen, dass er nicht um jeden Preis in die Bundesregierung eintreten wolle. Er hat, sehr zum Ärger von Angela Merkel, lange taktiert und nie klare Bedingungen genannt. Das war zwar sein gutes Recht, aber politisch unklug. Stoiber, der sich trotz verlorener Wahl 2002 als der immerwährende Kanzlerkandidat der Union sah, hätte sich spätestens nach der Übernahme der Kandidatur durch Angela Merkel erklären müssen. »Ja, ich gehe als erfahrenes politisches Schwergewicht nach Berlin, helfe den Machtwechsel zu bewerkstelligen«, wäre die richtige Botschaft gewesen. Er hat es nicht gemacht und dadurch die Union und deren Kanzlerkandidatin in eine Hängepartie gezwungen. Die Alternative, »nein, ich gehe nicht nach Berlin«, war zweifelsohne in Stoibers Kopf. Denn »wer einmal beinahe Unionskanzler geworden wäre, dient nicht leicht unter einer anderen Kandidatin«, das war zweifelsohne in Stoibers Kopf. Er konnte das natürlich so nicht aussprechen und wählte deshalb die ungünstigste Variante, »ich halte mir alles offen«.

Dabei blieb er auch nach dem knappen Wahlausgang, der weder Union noch SPD die Chance bot, mit FDP oder Grünen eine Koalition zu bilden. Eine rote oder schwarze Ampel hatte ebenfalls nie eine reelle Chance. Blieb nur noch die Große Koalition. Also saß der CSU-Chef mit der CDU-Vorsitzenden und Kanzlerkandidatin Merkel, mit SPD-Chef Müntefering und dem noch amtierenden Bundeskanzler Schröder in der Runde der großen Vier. Die sollte Ministerien und Posten verteilen. Stoiber erklärte nie, er stehe für ein Ministeramt nicht zur Verfügung, sondern spielte wieder den großen Zögerer und Zauderer. Schröder führte das Wort. Merkel war die Abwartende, hielt ihre Trümpfe zurück und kalkulierte kühl ihre Chancen. Müntefering war, wie immer, eher zurückhaltend, und Stoiber, machtpolitisch wie Schröder orientiert, konnte sich nicht entscheiden. Schröder bot Stoiber das Bundesfinanzministerium an. Doch Stoiber lehnte ab, er vermutete, es gebe noch weitere schwarze Löcher im Bundeshaushalt. Er, der große Haushaltsanierer aus Bayern, hatte nicht den Mut, den von ihm immer kritisierten »Augiasstall Bundesfinanzen« auszumisten. Stoiber scheute diese wenig populäre Herkulesarbeit. Außerdem hatte dieses Amt schon einmal ein CSU-Vorsitzender inne, Theo Waigel, und dem fühlte sich Stoiber bekanntlich immer schon überlegen. Außerdem, so beteuerte Stoiber, habe ihm auch der CSU-Fraktionsvorsitzende Herrmann dringend davon abgeraten, »da ein Bundesfinanzminister der CSU nichts nutze«. Ein Rat, der auch heute noch Kopfschütteln hervorruft. Ironie der Geschichte, ein halbes Jahr später sprang die Konjunktur an. Der neue Bundesfinanzminister Peer Steinbrück konnte gute Einnahmen verkünden und sich ans Sanieren des Haushalts machen.

Schröder fragte Stoiber auch, ob er sich vorstellen könne, das Außenministerium zu leiten, für das er eigentlich den brandenburgischen SPD-Ministerpräsidenten Matthias Platzeck vorgesehen hatte. Stoiber lehnte ab, er wollte innenpolitisch mitmischen und scheute wohl die internationale Aufgabe wegen seiner fehlenden Englischkenntnisse. Im Hinterkopf mag auch Angst mitgespielt haben, wenn er als Bundesaußenminister ständig unterwegs sei, müsse er seine CSU vernachlässigen, und deren Wohl setzte er bekanntlich an erste Stelle. Da Stoiber auch das Amt eines Innenministers nicht reizte, das war er schließlich schon mal in Bayern, blieb als letztes klassisches Ressort nur das Wirtschaftsministerium.

1966 hatte die Union zuletzt den Wirtschaftsminister in Deutschland gestellt, Kurt Schmücker, CDU, war der Nachfolger von Ludwig Erhard, der nach 13 Jahren im Amt zum Kanzler gewählt wurde. Plötzlich sah sich Stoiber als »zweiten Ludwig Erhard«. So schwärmte er wörtlich in einem Hintergrundgespräch mit der Bayerischen Landtagspresse. Es präsentierte sich dort ein fast euphorischer Stoiber. Er berichtete von der hohen Kompetenz Schröders und Münteferings, das seien »politische Kaliber«. Er aber habe jetzt auf sich ein Superministerium als Minister für Wirtschaft, Technologie und angewandte Forschung zugeschnitten. Das sei für Bayern eine große Chance, wenn der CSU-Vorsitzende als Bundeswirtschaftsminister die Zukunftskompetenzen Luft- und Raumfahrt, Verkehr, Neue Technologien, sowie Information und Kommunikation in seiner Hand bündle. Da sei alles in der Koalitionsrunde der großen Vier vereinbart worden. Dann verstieg sich Stoiber, voller Selbstbewusstsein auch noch zu der Einschätzung, Angela Merkel würde als Kanzlerin einer Großen Koalition gar keine klassische Richtlinienkompetenz mehr besitzen. Alles Wichtige würde sowieso der Koalitionsausschuss beraten. Als Merkel das zu Ohren kam, soll sie getobt haben. Ihre Rache folgte später. In einer Sitzung der CDU/CSU-Bundestagsfraktion schnitt der designierte neue Fraktionsvorsitzende Volker Kauder im Beisein Merkels und Stoibers das Thema an. »Was haben Sie sich eigentlich dabei gedacht?«, fragte er Stoiber. Es gab tosenden Beifall bei der CDU. Von Angela Merkel kam daraufhin nur der trockene Satz: »Inzwischen müssen sich immer mehr daran gewöhnen, dass der künftige Bundeskanzler eine Frau ist.« Große Heiterkeit. Edmund Stoiber war düpiert, die Peinlichkeit der Situation war ihm körperlich anzusehen.

Stoiber musste sich nach Abschluss der Koalitionsgespräche in der Viererrunde eingestehen, dass es ein Fehler war, die Abmachungen nicht schriftlich festzuhalten. So war es plötzlich Interpretationssache, wie viel Kompetenzen der angewandten Forschung und der Luft- und Raumfahrt denn nun aus dem Forschungsministerium in ein aufgewertetes Wirtschaftsministerium hinüberwandern würden. Gleiches galt auch für Stoibers Wunsch, die Zuständigkeit für Europapolitik aus dem Finanzministerium herüberzuholen. Schröder legte sich da nicht fest, schützte mangelnde Detailkenntnis vor und ließ an einem Abend kurzfristig seinen Kanzleramtsminister Frank-Walter Steinmeier herbeiholen. Der lag schon zu Hause auf der Couch und stieß im Freizeitdress zur Runde. Sehr viel Erhellendes sei aber von Steinmeier auch nicht gekommen, berichtete Stoiber hinterher. Protokolliert wurde weiterhin nichts.

Es kam, wie es kommen musste. Annette Schavan, die designierte Forschungsministerin, blies zum Widerstand. Sie agierte im Bewusstsein, eine mächtige Verbündete zu haben, ihre persönliche Freundin Angela Merkel. Doch die griff vorerst nicht ein, wartete ab wie immer. Die SPD, aber auch die Opposition mit FDP und Grünen liefen Sturm gegen die angebliche Zerschlagung des Forschungsministeriums. »Filetstücke für Stoiber, Gräten für Schavan«, lauteten die Schlagzeilen. Wissenschaftsorganisationen meldeten Bedenken gegen eine Zerschlagung des Forschungsministeriums an. Stoiber kündigte zwar beschwichtigend an, er werde auf Frau Schavan zugehen, doch das war unter seiner Würde. Im kleinen Kreis polterte er über die Zumutung, dass er als CSU-Chef und mächtiger Ministerpräsident mit der bisher einfachen Landesministerin Schavan auf Augenhöhe verhandeln soll. Daraufhin forderte er in einer größeren Koalitionsrunde Merkel auf: »Angela du musst ein Machtwort sprechen!« Deren Antwort war ebenso kühl wie feinsinnig gemein. »Aber Edmund«, lächelte Merkel süffisant, »du hast doch gesagt, ich habe keine Richtlinienkompetenz, also kann ich die Kollegin Schavan nicht anweisen.« Das Gelächter der Koalitionsrunde war eine weitere Ohrfeige. Es war bereits das zweite Mal, dass er dies vorgehalten bekam. Stoiber war endgültig klar, in Berlin haben sie auf einen wie ihn nicht gewartet. Er suchte wohl schon damals den Einstieg in den Ausstieg.

Es war ein kapitaler Einschätzungsfehler zu glauben, er könne als CSU-Chef im Bundeskabinett eine Sonderrolle spielen. Bei einem Kanzler Stoiber 2002 und einer schwarz-gelben Koalitionsregierung hätten weder CDU-Chefin Merkel noch der FDP-Vorsitzende Westerwelle dem Kabinett angehört, sie wollten Fraktionschefs bleiben. Stoiber erwartete wohl auch etwas mehr Dankbarkeit von Angela Merkel. Er habe ihr »uneingeschränkt die Stange gehalten«, als Schröder unentwegt versuchte, die Solidarität in der Union aufzubrechen. Schröder stellte am Wahlabend ja die Fraktionsgemeinschaft von CDU und CSU infrage, damit rein rechnerisch die CDU als Partei allein schwächer dastehe als die SPD. Schröder wollte dann auf das Recht der stärksten Fraktion pochen und das Amt des Bundeskanzlers besetzen. Es gab auch Versuche Schröders, Merkel ganz aus dem Spiel zu lassen, dann hätte auch er verzichtet. SPD und Union sollten sich dann auf einen anderen Kanzler einigen. Doch das blieb unkonkret. An einer Bundeskanzlerin Merkel führte kein Weg vorbei. Am 10. Oktober 2005 gaben das die vier Verhandlungspartner bekannt und schlugen weitere Gespräche zur Bildung einer Großen Koalition vor. Stoiber verkündete bei dieser Gelegenheit offiziell seine Bereitschaft, als Wirtschaftsminister in der neuen Bundesregierung mitzuarbeiten.

Also verhandelte er im Oktober 2005, trotz innerer Zweifel, intensiv in der Koalitionsarbeitsgruppe Wirtschaft. Er trat zwar als designierter Wirtschaftsminister auf, sei aber mit der inneren Haltung »ich muss ja nicht« in die Gespräche gegangen, wie er später sagte. Trotzdem diskutierte er zusammen mit dem SPD-Fraktionsvize und bayerischen Landesvorsitzenden Ludwig Stiegler engagiert über die entsprechenden Eckpunkte des Koalitionsvertrages. Er trat dabei als künftiger Chef auf. Stiegler, der als bayerischer SPD-Abgeordneter von Stoiber normalerweise kaum eines Blickes gewürdigt wurde, erlebte diesen als kundigen, fairen und höchst angenehmen Verhandlungspartner. Intensiv wurde über Mittelstandsförderprogramme, Handwerk und Konjunkturlage beraten. Es muss Stoiber aber dabei auch bewusst geworden sein, wie wenig Einfluss er als Minister haben werde, denn das Wirtschaftsministerium gilt in der Berliner Hierarchie als Reden- und Ankündigungsressort mit Zuständigkeiten für Handwerk und Mittelstand. Die Zuständigkeiten für Geld und Kredit hatte sich 1998 der Kurzzeitfinanzminister Oskar Lafontaine geschnappt und seitdem blieben sie im Finanzministerium. Stoiber hat rasch gemerkt, dass ihn das Ressort gar nicht richtig fordern würde. »Das ist doch für ihn die Arbeit einer halben Woche«, angesichts dessen was er in Bayerns Staatskanzlei sonst so alles stemmt, raunten schon damals selbst Sozialdemokraten. Deshalb war ihm ja auch die Ausweitung um die Luft- und Raumfahrt und die Zuständigkeit für angewandte Forschung so wichtig. Das glaubte er in der Koalitionsrunde der Parteichefs festgeklopft zu haben. Auch das aus dem Finanzministerium herübergeholte Ressort Europapolitik schien ihm sicher. Als er aber erneut darum kämpfen musste, merkte Stoiber, Angela Merkel lässt ihn allein. Eine entscheidende Erkenntnis im Berlin-Drama des Edmund Stoiber.

Er hat es nach außen hin nie thematisiert, wohl aber in vertrauten Runden. »Auf die Merkel war kein Verlass«, begründete hinterher Stoiber schmallippig seine Kehrtwende. Tatsächlich musste Stoiber in Berlin eine bittere Lektion lernen. Die Nummer eins war die Kanzlerin, die Nummer zwei der Vizekanzler, und dann wäre erst er gekommen, noch dazu mit einem Ministerium ohne großen Einfluss. Stoiber spürte, dass die Kanzlerin in der Hierarchie weit über ihm schwebte und musste fürchten, sie werde ihn am Nasenring durch die Berliner Arena führen. Doch Stoiber hatte bereits verkündet, er werde das Wirtschaftsministerium übernehmen. Ein Ausstieg ohne negative Folgen war von da an undenkbar. Im Nachhinein ist klar, dass er das neue Amt durchaus gewinnbringend für die CSU gestalten hätte können. Das Konjunkturhoch ab 2006 und die steigenden Energiepreise machten den Wirtschaftsminister zu einem vielgefragten Mann, eine Aufgabe mit Außenwirkung. Der oft wie in Trance wirkende und introvertierte Michael Glos füllt das ohne große Ausstrahlung aus. Da hätte Stoiber zweifellos mehr herausgeholt, auch für die bundesweite Reputation der CSU.

Glos, damals als Landesgruppenchef der CSU-Bundestagsabgeordneten noch einflussreicher Berliner Strippenzieher, war übrigens der Erste aus der CSU-Führungsriege den Stoiber einweihte: »I mag nimmer.« Glos informierte besorgt die engere Spitze der Partei. Entsetzte Reaktionen. Otto Wiesheu, als bayerischer Wirtschaftsminister bei den Koalitionsverhandlungen mit dabei, bekam auf dem Flug nach Berlin entsprechende Andeutungen aus Stoibers Beamtenriege, was dieser als »Schmarrn« zurückwies. Andere aus der Parteispitze stürmten auf Stoiber ein: »Das kannst du nicht machen«, »das zerreißt dich«, »das kostet dich deinen Kopf«, baten und warnten sie. Auf alle Fälle müsse so ein Entschluss vorher im CSU-Präsidium beraten werden. Was ist für die Partei die beste Konstellation, und wie sind die Auswirkungen auf das Ansehen der CSU und ihres Vorsitzenden? Doch Stoiber wehrte ab. Er war bereits entschlossen. Der plötzliche Rücktritt von SPD-Chef Müntefering am 31. Oktober lieferte ihm dann die willkommene öffentliche Erklärung.

Franz Müntefering und Edmund Stoiber hatten seit der von ihnen gemeinsamen geführten Föderalismuskommission I ein gutes Verhältnis. Von 2003 bis 2006 trieben Stoiber, als Vertreter der Länder, und Müntefering als Abgesandter des Bundes, die Arbeit der 32-köpfigen, paritätisch besetzten Verhandlungsgruppe voran. Beide erwarben sie sich dabei hohes Ansehen und lernten sich gegenseitig schätzen. Ziel war die Neuverteilung der Kompetenzen zwischen Bund und Ländern. Das bisher umständliche Gesetzgebungsverfahren, bei dem 60 Prozent aller Bundesgesetze erst der Zuständigkeit durch den Bundesrat bedürfen, sollte effizienter und damit schneller werden. Die Landtage sollten wieder mehr originäre Zuständigkeiten erhalten und die Mischfinanzierung vor allem in der Bildungspolitik beendet werden. 2004 scheiterte, noch unter der Regierung Schröder, der erste Anlauf vor allem an der Bildungsplanung. Stoiber und Müntefering drängten dann erfolgreich auf eine Neuauflage der Föderalismuskommission nach der Bundestagswahl 2005. Bundeskanzlerin Merkel wollte eigentlich von Unionsseite einen neuen Verhandlungsführer benennen, obwohl klar war, dass für die SPD der erfahrene Müntefering erneut als Vorsitzender zur Verfügung stehen würde. Stoiber berichtete später, er habe schon deshalb unbedingt wieder den Vorsitz der Unionsseite machen wollen. Mit dem Ausruf »Angela, ich bin bereit«, habe er sich auf den Posten gestürzt. Merkel war das nicht recht. Sie wollte nach der schwierigen Phase der Regierungsbildung und Stoibers Ansehensverlust diesen nicht mit einem so herausragenden Amt betrauen. Anderseits konnte und wollte sie den angeschlagenen CSU-Vorsitzenden nicht zusätzlich düpieren. Eine nicht nur innerparteilich, sondern auch menschlich kluge Entscheidung.

Müntefering und Stoiber lösten in der Föderalismuskommission ihre parteilichen Vorurteile schnell wieder auf und stellten in vielen Fragen Übereinstimmung fest, oft weit über den Föderalismus hinaus. Sie wunderten sich anfangs darüber. Beide waren sie sich jedoch als trockene faktenverliebte Arbeiter ähnlich. Am 1. September 2006 war dann die Föderalismusreform, unter Ausklammerung der staatlichen Finanzverfassung, in trockenen Tücher. Das bedeutete inhaltlich eine der umfangreichsten Änderungen des Grundgesetzes.

Schon 2005 in der Vierer-Koalitionsrunde hatte Stoiber das Gefühl, dass trotz parteipolitischer Gräben zwischen ihm und Müntefering ein besonderes Verhältnis bestehe. Stoiber mochte die unaufgeregte Art des SPD-Vorsitzenden und dessen Prinzipientreue. Müntefering wiederum, so berichtete es jedenfalls Stoiber rückblickend, habe ihm in dieser Runde das Kompliment gemacht, er sei der Garant für eine soziale Komponente der Bundesregierung. Müntefering war bereit, unter Merkel als Bundesminister für Arbeit und Soziales ins Kabinett zu gehen. Es kann gut sein, dass der CSU-Vorsitzende Stoiber damals glaubte, mit dem SPD-Chef Müntefering in der Bundesregierung eine soziale Achse, auch gegen die wirtschaftliberale Kanzlerin, bilden zu können. Eine Einschätzung, die für Stoiber hinfällig war, als Müntefering am 30. Oktober 2005 seinen SPD-Vorsitz hinschmiss, weil die Parteilinken um Andrea Nahles ihm bei der Besetzung des Generalsekretärsposten in den Rücken gefallen waren. Stoiber glaubte, Müntefering hätte ohne Parteivorsitz als Widerpart gegen Merkel keinen starken Stand. Stoiber wäre dann, neben der machtbewussten und schon damals überlegen auftretenden Kanzlerin und CDU-Vorsitzenden, der einzige weitere Parteivorsitzende im Kabinett gewesen. Es saßen auch keine Alpha-Tiere aus Unionskreisen in der Ministerrunde. Keiner aus dem Kreise der Ministerpräsidenten hatte sich nach vorn gedrängt. Saarlands Regierungschef Peter Müller war zwar im Kompetenzteam Merkel als Wirtschaftsfachmann nominiert, kehrte nach der Wahl aber mangels Verwendung in die Saarbrücker Staatskanzlei zurück. Wolfgang Schäuble, der Innenminister, war für Stoiber auch kein geeigneter Bundesgenosse, wenn es darauf angekommen wäre, im Kabinett ein Unionsgegengewicht zur Kanzlerin aufzubauen. Es hatte also für Stoiber schon eine gewisse Logik, mit Münteferings Schwächung in der Bundesregierung, seinen eigenen Rückzieher verbrämen zu wollen.

Aber Stoibers Begründung stieß auf Unverständnis. Kopfschütteln allenthalben. Vor allem, da Müntefering in der Folge als Vizekanzler durchaus eine hervorgehobene und wichtige Stellung in der Bundesregierung innehatte. Er war auch ohne SPD-Vorsitz der einflussreichste Sozialdemokrat in Berlin. Das registrierten natürlich viele, auch in der CSU. Dort waren sie sowieso höchst erstaunt darüber, dass ihnen ihr mächtiger Parteivorsitzender weismachen wollte, weil ein Müntefering nicht mehr SPD-Chef sei, könne ein Stoiber in Berlin nicht mehr im Kabinett bleiben. Stoiber ist es nie gelungen, die Zweifel und den Unmut darüber innerhalb der CSU auszuräumen. An den Stammtischen seiner Geburtsgemeinde Oberaudorf, wo der Anteil an Stoiberfans immer noch hoch war, schäumte der Unmut: »Was denkt sich eigentlich der Stoiber? Wegen dem Müntefering haut er wieder ab aus Berlin, weil er ohne den nicht will. Und wer ist jetzt andauernd im Fernsehen zu sehen als Vizekanzler? Der Münterfering, genau!« Die Stammtischbrüder schüttelten die Köpfe und registrierten sehr genau, wie sich Müntefering im Kabinett Merkel Ansehen erwarb und der gebeutelte Stoiber in Bayern litt wie ein Hund. Bayern litt mit und zunehmend an ihm.

Franz Müntefering beschrieb nach Stoibers Abschied von der Macht dessen Stärken in einem Beitrag für den »Bayernkurier«: »Er forderte und gab, attackierte und nahm Argumente auf, er provozierte und war provozierbar, er liebte die Akribie und die große Geste, das Detail der Akten und die politische Idee, er war langatmig und kurzentschlossen, er redete dazwischen und hörte zu, er wollte Vorsitzender einer konservativen Volkspartei sein und Ministerpräsident eines erfolgreichen Landes.« Die meisten dieser vom politischen Gegner so treffend beschriebenen Eigenschaften waren aber im Umgang mit seinen Parteifreunden in München verkümmert, oder hinter der Fassade des Machers kaum noch erkennbar. Dies belastete das Verhältnis zwischen dem Ministerpräsidenten Stoiber und der Regierungsfraktion.

Zurück nach Berlin. Edmund Stoiber war dort nie richtig angekommen. Das bestätigen politische Freunde und politische Gegner, aber auch die journalistischen Beobachter. In Berlin ist alles auf das Spitzenpersonal der Regierung zugeschnitten. Es herrscht ein unglaublicher Druck, und die Medienlandschaft ist ungleich vielfältiger als in München. Stoiber nahm aber die Angebote von Mitarbeitern der Bayerischen Landesvertretung in Berlin nicht an, sich gründlich darüber informieren zu lassen. Seine Hintergrundgespräche mit Journalisten, im Bierkeller des Bayerischen Hauses, waren meist langatmige Referate bekannter Prinzipien und Ansichten. Stoiber hatte durchaus Respekt vor der Hauptstadtpresse. Als designierten Bundeswirtschaftsminister trieben ihn die Fragen um, ob die wichtigsten Wirtschaftsjournalisten nicht eher in ein CDU-Netz eingebunden waren und wie er die Wirtschaftsverbände auf seine Seite ziehen könne. Er war solche Kärrnerarbeit aus Bayern nicht gewohnt. Dort ist alles überschaubarer und bei vielen Lobbyistengruppen auf die CSU zugeschnitten. In Berlin dagegen gelten auch in der Unionsbundestagsfraktion andere Gesetzmäßigkeiten als in einer Landtagsfraktion. Das wusste Stoiber. Die CDU-Bundestagsabgeordneten nahmen ihn 2005 auch anders an als 2002. Jetzt sahen viele in Stoiber den, der durch sein langes Zögern diverse Personalplanungen von CDU-Politikern gestört hatte.

In der Zeit als designierter Bundeswirtschaftsminister gab es eine kleine, aber nicht unwichtige äußerliche Erfahrung für Edmund Stoiber. Sie trug sich zu beim ökumenischen Gottesdienst des neugewählten Bundestages im Französischen Dom. Stoiber kam wie immer zu spät. Er strebte zielstrebig in die erste Reihe und suchte seinen reservierten Platz, doch er war hier nicht in München. Die Saaldiener verwiesen den irritierten Stoiber in die hinteren Reihen. Für sie war er vorerst protokollarisch nur ein gewählter Bundestagsabgeordneter. Der bayerische Ministerpräsident und CSU-Chef kam dann neben der früheren niedersächsischen Umweltministerin, der SPD-Bundestagsabgeordneten Monika Griefahn zu sitzen. Einmal mehr wurde Stoiber bewusst, Berlin hat nicht auf ihn gewartet. Stoibers Vertraute, stets bemüht ihren Chef zu interpretieren, meinten dagegen fast schon entschuldigend, »wer selber fast einmal Kanzler war, der kann und will sich doch nicht unterordnen.« Vorher aber, als Stoiber dann doch an die Berliner Kabinettstüren klopfte, war von seinem brennenden Ehrgeiz die Rede »ganz oben mitzugestalten«.

Kapitel 7

»Meine Ehe war in Gefahr.« – Die Rolle Karin Stoibers

Bei ganz wenigen Gelegenheiten nannte Edmund Stoiber im kleinen Kreis auch zwei persönliche Begründungen für seinen Rückzieher. Neben dem bereits zitierten »auf die Merkel war kein Verlass«, gestand er etwas höchst erstaunlich Privates: »Meine Ehe war nach vierzig Jahren in Gefahr, meine Frau wäre nicht mitgegangen nach Berlin.«

Ein sensibles, ein heikles, ein privates Thema. Weil es aber wohl durchaus einen gewichtigen Einfluss hatte auf Stoibers Entscheidung, ist es von öffentlichem Interesse. Denn welcher Spitzenpolitiker macht sein Wirken in der Bundeshauptstadt davon abhängig, ob seine Ehefrau mitkommt? Familiäre Rücksichten kann sich ein Berufspolitiker der oberen Ränge selten leisten. Meist sind es ja Männer und sie machen oft ihre Frauen zu alleinerziehenden Müttern. So auch Stoiber und das schon seit seinem ersten Einstieg in Spitzenämter 1978. Doch er war andererseits in außergewöhnlichem Maße auf sein Zuhause fixiert. Auswärtige Übernachtungen versuchte er selbst im extrem stressigen Kanzlerwahlkampf 2002 auf das Nötigste zu begrenzen. Das ging so weit, dass er unbedingt nach einem Wahlkampfauftritt in Niedersachsen zurück nach Wolfratshausen wollte, obwohl die letzte Maschine nach München schon abgehoben hatte. Stoiber flog nach Stuttgart und von dort ging es mit dem Auto 250 Kilometer weit in die heimische Doppelhaushälfte. Am nächsten Morgen flog er wieder von München gen Norden zum nächsten Wahlkampfauftritt. Das häuslich Vertraute und die Rundumversorgung durch seine Ehefrau Karin waren für den oft so rastlosen Stoiber ungemein wichtig, ein ruhender Pol seines hektischen Lebens.

2002 wäre Karin Stoiber als Kanzlergattin mit nach Berlin gezogen. Sie wäre eine auch nach außen repräsentierende Kanzlergattin geworden, eine Rolle, auf die sie als Frau des Ministerpräsidenten in

Bayern vorbereitet war. In Bayern machte sie bei den vielen öffentlichen Auftritten stets eine glänzende Figur. Was Edmund Stoiber nie gelang, nämlich ein Landesvater zu werden, erreichte sie. Sie war in den Augen vieler Bayern eine »Landesmutter«, wie sie im Buche steht. Warmherzig und zugleich bescheiden wirkend, mit einem strahlenden Lächeln und einer natürlichen Ausstrahlung, flogen ihr die Herzen zu. Mit Wahlplakaten »Die Stoibers« nutzte der Ministerpräsident das landesweite Ansehen seiner Frau. Karin Stoiber wachte wie eine Löwin über das Wohlergehen ihres Mannes und nahm gleichzeitig Kontakt mit vielen Menschen auf. Bei Staatsempfängen kümmerte sie sich um abseitsstehende Gäste und erinnerte ihren Mann an protokollarische Pflichten, wenn der sich wieder mal in einer politischen Diskussion festgebissen hatte. Besonders in den letzten Jahren glich Stoibers Frau bei gemeinsamen Auftritten seine sinkende Popularität aus. Regelmäßig erhielt sie wesentlich stärkeren und herzlicheren Beifall als er. Stoiber kokettierte sogar manchmal damit. Besorgte Parteiorganisatoren ordneten bei offiziellen Begrüßungen an, Karin und Edmund Stoiber in einem Atemzug zu nennen, damit der unterschiedliche Beifall nicht zu sehr auffiel.

Karin Stoiber hatte sich an der Seite ihres Mannes unentbehrlich gemacht. Im Kanzlerwahlkampf, als vielfältige Homestories über den privaten Stoiber zur medialen Pflicht wurden, plauderte seine Frau einiges aus. Wie sie ihrem Mann für Reisen, bei denen sie nicht dabei sein kann, die Koffer packe, und dabei mit kleinen post-its Hemden und Krawatten nummeriere, damit er auch das richtig miteinander kombiniere. Stoiber war auch ein großer Sonntagstelefonierer. Mit Stolz berichtete er da manchmal von seinen vielen Telefonaten, so als müsste er beweisen, dass er sich in seinem Amt keinen privaten Durchhänger erlauben könne. All dies hat Karin Stoiber über die Jahre mitgetragen, auch da stets voller Engagement an seiner Seite, selbst den dreißigsten bestellten Sonntagsanruf freundlich entgegennehmend. Natürlich nutzte sie als Ministerpräsidentengattin ihre Kontakte für vielfältiges soziales Engagement, aber auch das war bei ihr mehr als nur Pflichterfüllung.

Sie war ihrem Mann auch bei bestimmten politischen Fragen Ratgeberin. Nicht im Alltagsgeschäft, aber bei wichtigen Entscheidungen oder personellen Veränderungen. Da hatte sie durchaus Einfluss. Er hörte auf sie. Es gibt sogar interne Andeutungen, Karin Stoiber habe sich durchaus schon mal in die eine oder andere Personalentscheidung eingemischt. Auf alle Fälle entwickelte auch sie Machtbewusstsein und Ehrgeiz. Die Familie Stoiber genoss die gesellschaftlichen Annehmlichkeiten und durfte sich sonnen im hohen Ansehen, das der Ministerpräsident und CSU-Chef in Bayern genießt. Im weiß-blauen Freistaat gibt es da eine Vorliebe für staatliche Inszenierungen, Repräsentieren, protokollarische Spielereien und folkloristisches Gepränge. Gerade in Stoibers letzten Jahren tauchten auch seine erwachsenen Kinder in den bunten Blättern auf, als gern gesehene Gäste bei bestimmten High-Society-Events. Ein Ausgleich für familiäre Entbehrungen. Die Familie war wohl deshalb auch dagegen, und zwar massiv, als Stoiber, 2005 nach der Wahl, dann doch plötzlich ins Bundeskabinett wechseln wollte. Ein CSU-Bundesminister, selbst wenn er auch noch Parteichef ist, hat daheim einen erheblich geringeren gesellschaftlichen Status als der Ministerpräsident. Deshalb sollen auch die Kinder, obwohl größtenteils aus dem Haus, ihrem Vater zugesetzt haben, er möge in Bayern bleiben. Auch Karin Stoibers Widerstand gegen einen neuen Arbeitsmittelpunkt ihres Mannes war nicht zu unterschätzen, auch wenn sie in dieser Zeit eine gemeinsame Wohnung in der Hauptstadt suchte. Vor diesem Hintergrund bekommt aber Stoibers private Begründung für seine Berliner Kehrtwende eine besondere

Brisanz. »Meine Ehe war nach 40 Jahren in Gefahr, meine Frau wäre nicht mitgegangen!«

Was hatte sich da verändert. War etwas geschehen, was die Stoibers in Turbulenzen stürzte? Privates muss da Privates bleiben. Doch Karin Stoibers entschiedener Widerstand gegen den zweiten, diesmal ja konkreten Wechsel ihres Mannes in die Bundeshauptstadt hatte 2005 nicht nur politische Folgen, sondern hinterließ bei den Beiden sichtbare Spuren. Es war ihnen in den Folgemonaten anzusehen, dass es massive Spannungen aufzuarbeiten gab. »Die Stoibers« waren im Umgang miteinander verändert. Wovor war der bayerische Ministerpräsident eher eingeknickt, vor den politischen Unwägbarkeiten oder den privaten Turbulenzen? Der Gedanke, allein in Berlin zu hausen, muss Edmund Stoiber in Panik versetzt haben. Durchaus verständlich für einen Mann, der sich um praktische Alltagsdinge nie kümmern musste. »Wie macht ihr denn das mit der Wäsche in Berlin?«, war eine der besorgten Fragen, die er anderen CSU-Spitzenpolitikern in der Hauptstadt stellte. Auch eine Belastung seiner Ehe muss ihm, angesichts des jahrzehntelangen symbiotischen Verhältnisses, als schwer bewältigbares Unheil vorgekommen sein. Er hat das nach außen nie thematisiert, aber intern hat er Berlin sehr wohl mit ehelichen Konsequenzen in Verbindung gebracht.

In den Tagen, Wochen und Monaten nach Stoibers Rückzieher liefen Gerüchte um. Es war von einer Krankheit Karin Stoibers die Rede, es gab Andeutungen in den Medien, dass Stoiber private und durchaus ehrenhafte Gründe für seine Rückkehr hatte. Viele bemerkten ein verändertes Aussehen Karin Stoibers. Sie wirkte zerbrechlich, schien an Gewicht verloren zu haben. Sie hatte zwar Rückenprobleme, die später zu einer Bandscheibenoperation führten, doch das allein war es wohl nicht. Öffentliche Auftritte der beiden verloren an Ausstrahlung, es lag da was in der Luft. Die Stoibers traten neben- und nicht wie all die Jahre miteinander auf. Gab es da doch massive Berliner Nachwirkungen privater Art?

Bei rückblickenden Gesprächen über dieses heikle Thema veränderten sich die Mienen der meisten politischen Weggefährten. Viele wehrten ab, wollten zuerst nichts sagen. Andere hatten gerüchteweise etwas gehört, was für sie aber unglaublich klang. Einige wenige deuteten an, sie wüssten Konkretes, würden das aber nicht weiter kommentieren. Doch allen war das Gerücht vertraut. Was war damals passiert? In München wurde über eine angebliche Affäre Stoibers in Berlin getuschelt. Sogar bayerische Kabinettsmitglieder sprachen Journalisten darauf an, warum sie denn darüber nichts schrieben. Weil Frauengeschichten im Zusammenhang mit Stoiber unvorstellbar sind, gab es als Antwort. Genau, das sage ich auch, kam dann vom Gegenüber. Meist wurde auch noch ein Ausspruch von Günther Beckstein zitiert. Der hatte öffentlich gescherzt, »wenn Stoiber die Wahl hätte zwischen einer schlanken Nackten und einer dicken Akte, würde er immer die Akte wählen.« Das sagte eigentlich alles.

Und doch gab es da immer wieder, streng vertraulich natürlich, Andeutungen. Ein bayerisches Kabinettsmitglied zitierte den von Stoiber angeblich selbst geäußerten Satz, »die Einsamkeit in Berlin hat viele Versuchungen«. Es kursierte sogar plötzlich ein Name. Journalisten verwiesen dabei als Quelle auf Politiker und umgekehrt. Das übliche Spiel. Es solle sich um eine CSU-Bundestagsabgeordnete handeln. Die Genannte drohte aber umgehend jeden, der sie mit diesem Gerücht öffentlich in Zusammenhang bringe, rechtliche Schritte an. Trotzdem wurde das Ganze ausgeschmückt, mit dem dezenten Hinweis, dass die vermeintliche »Versuchung« doch vom Aussehen her verblüffende Ähnlichkeit mit der jungen Karin Stoiber habe. Es wäre verwunderlich, wenn so etwas nicht auch Frau

Stoiber zu Ohren gekommen wäre. Es muss bei ihr ein Erdbeben ausgelöst haben. Höchst verständlich für eine Frau, die ihrem Mann 40 Jahre lang in selbstaufopfernder Weise den Rücken stärkte, Tag und Nacht für ihn da war, privat und politisch die treueste Weggefährtin.

Da mag es genügt haben, wenn Edmund Stoiber in Berlin einmal, vielleicht auch zweimal mit einer angeblichen Versuchung beim Essen gesehen wurde. Noch dazu, wo bekannt ist, dass die besagte Parteifreundin durchaus charmant aufschauen konnte zu ihrem Parteichef. Muss ja für die weitere politische Karriere nicht von Schaden sein. Oft wurde auch noch die allgemeine Weisheit von der Erotik der Macht angefügt. Oder, wie es ein bayerischer Minister und Stoibervertrauter auf »gut Bayrisch« formulierte, »je mehr Männer Macht haben, desto größer ist die Gefahr, dass sich die Weiber ranwanzen!« All das war zu hören, auch als beschwichtigende Erklärung, weil mehr dem »trockenen Pflichtmenschen« Stoiber nicht zugetraut wurde. Er, der bekanntlich so sehr an der häuslichen Vertrautheit hing und sogar bei Klausurtagungen in Kreuth abends meist nach Hause fuhr, anstatt länger beim geselligen Ausklang zu bleiben. Es ist auch aus der Distanz der Ereignisse betrachtet weiterhin schwer vorstellbar, und wirklich Konkretes wäre wohl kaum verborgen geblieben. Irgendwann in den schwierigen Monaten des Edmund Stoiber wäre so etwas platziert worden, mit Bild und Namen der betreffenden Dame.

Unabhängig von diesem Gerücht hat sich Karin Stoiber, mehr noch als ihr Mann, in Berlin unwohl gefühlt. Sie, die in München ein Netz hatte, Status und Anerkennung einer Ministerpräsidentengattin genoss, empfand Berlin als abweisend. Ihr feines Gespür muss ihr wohl früh gesagt haben, dass ihr Mann es schwer haben würde in den Berliner Schlangengruben.

Eines jedoch machten diese Gerüchte über Stoibers Privatleben auch deutlich: Sein Ansehen war gesunken. Der Respekt, der früher solche Andeutungen verhindert hätte, war weg. Hinzu kam natürlich auch der Reiz, die Zunge an jemand zu wetzen, dem so etwas eigentlich nicht zugetraut wird. Sogar süffisante Anmerkungen zu einer alten Geschichte spülten wieder hoch. 1993, bei Stoibers Machtübernahme, beschädigte ein »zwischenmenschliches« Getuschel das Verhältnis von Stoiber zu Theo Waigel nachhaltig. Der damalige CSU-Chef Waigel hatte, als gestresster Bundesfinanzminister, durchaus Ambitionen auf die Nachfolge von Max Streibl. Plötzlich aber sah er sich mit Gerüchten konfrontiert. Waigel lebte damals von seiner psychisch kranken Frau getrennt, war zwar noch nicht offiziell, aber faktisch doch schon mit seiner jetzigen Ehefrau Irene Epple liiert. Es gab gezielte Andeutungen, der Münchner Erzbischof Friedrich Kardinal Wetter habe sich besorgt geäußert, ob der privaten Zustände eines Ministerpräsidentenkandidaten. Als Quelle wurde prompt Stoiber verdächtigt. Trotz entschiedener Dementis Stoibers glaubt Waigel noch heute, dass sein damaliger Rivale ihm da übel mitgespielt habe. Waigel hat ihm das nie vergessen, verhielt sich aber trotzdem als CSU-Chef in der Doppelspitze professionell. Einige Journalisten wussten übrigens schon länger über Waigels private Neuorientierung Bescheid, machten es aber nicht publik.

Ähnlich war es im Januar 2007, als nach Stoibers angekündigtem Rücktritt Bundeslandwirtschaftsminister Horst Seehofer seine Anwartschaft auf den CSU-Vorsitz anmeldete. Auch da wussten einige Medienvertreter schon länger Bescheid über Seehofers schwangere Berliner Freundin. Dann aber stand es plötzlich in der Bildzeitung und Stoibers Staatskanzlei musste dementieren, dass aus ihren Kreisen Hinweise gestreut worden seien. Sogar die Bildzeitung druckte eine offizielle Klarstellung ab, dass die Bayerische Staatskanzlei nicht der Informant gewesen sei. Ein höchst ungewöhnlicher Vorgang in der deutschen Pressegeschichte. In diesem Fall war das Dementi auch glaubhaft und nachvollziehbar. Aber in der CSU traute damals wieder mal jeder jedem alles zu.

Kapitel 8

»Die kann es nicht!« – Stoibers Probleme mit Angela Merkel

Das Verhältnis zwischen Edmund Stoiber und Angela Merkel glich bisweilen verblüffend dem ihrer jeweiligen Ziehväter Franz Josef Strauß und Helmut Kohl. Strauß' Schüler und »Kohls Mädchen« sind von ihren Leitfiguren geprägt. Stoiber war auf die Sonderstellung der CSU fixiert, Strauß hat ihm das eingeimpft. Für einen CSU-Politiker müssten Bayern und Deutschland immer gleichwertig nebeneinander stehen. Es sei also stets die Frage zu stellen, was bringe mehr Vorteile für die bayerische Partei mit bundespolitischem Anspruch. Deshalb war Stoiber auch der gleiche Zögerer und Zauderer wie Strauß, wenn es galt, außerhalb Bayerns Verantwortung zu übernehmen.

Merkel handelte anders. Sie war und ist stets eine zutiefst misstrauische und abwartende Schachspielerin der Macht. Auch sie wurde durch die Nähe zu ihrem Lehrmeister Helmut Kohl groß. Vom Pfälzer hat sie sich einiges abgeschaut. So ließ sie im entscheidenden Moment ihren Konkurrenten Stoiber ins Leere laufen. Kohl hat es mit Strauß ähnlich gemacht. Kohl war zwar emotionaler als Merkel und lebte deshalb seinen Widerstand gegen Strauß impulsiver aus. Merkel ließ sich da im Umgang mit Stoiber äußerlich nichts anmerken. Innerlich aber kochte sie gelegentlich. Und sie vergaß nichts, keine der abqualifizierenden Äußerungen von Stoiber über »die Merkel«. Auch Kohl besaß ein Gedächtnis wie ein Elefant. Von Kohl hat Merkel auch gelernt, Probleme auszusitzen und die Attacken aus Bayern ins Leere laufen zu lassen. Strauß hat Kohl unterschätzt und Stoiber ging es mit Merkel nicht anders.

Am Ende hatte die große Taktikerin Merkel Stoiber klein gekriegt. Ihre zuerst abwartende Haltung und dann kühles Gebaren rund um Stoibers Kabinettsambitionen ließen diesen erkennen, die Frau ist ihm über. Sie zahlte ihm auch seine monatelange Hinhaltetaktik vor den Wahlen heim. Jetzt saß sie am längeren Hebel und ließ ihn das spüren. Sie hat ihm nie was versprochen, dies auch nicht tun müssen, weil sich Stoiber bei den Chefgesprächen der Koalitionsrunde sowieso an Schröder und Müntefering orientierte. Merkel aber dachte schon ein paar Schachzüge voraus. Sie musste Stoiber gar nicht matt setzen, das tat er schon selbst. Merkels Stärke ist dadurch noch mehr gewachsen, nicht aber die der Union insgesamt. Denn das Berliner Aus des Edmund Stoiber hat dem bundespolitischen Ansehen der CSU geschadet. Wie Kohl, ist Merkel nachtragend, wie Strauß, ist Stoiber empfindlich und kann mit persönlichem Widerstand, vor allem wenn er sich auf Augenhöhe abspielt, schlecht umgehen.

Stoibers dienende Nähe zu Strauß hat seine politische Karriere befördert, da lernte er die Spiele der Macht. Auch Angela Merkel profitierte ähnlich von Kohl. Beim Vereinigungsparteitag der ost- und westdeutschen CDU, Anfang Oktober 1990, ergriff sie die Initiative und suchte Kontakt zum CDU-Chef und Bundeskanzler. Die junge ostdeutsche Politikerin vom Demokratischen Aufbruch wusste, was zu tun ist. Ihr Kalkül ging auf. Rund vier Wochen später war die jetzt frischgebackene CDU-Bundestagsabgeordnete Bundesministerin für Frauen und Jugend. Merkels Aufstieg in das Innere der Macht ging noch schneller voran als der von Stoiber. Ähnlich wie dieser Strauß, diente sie in der Folge Kohl, acht Jahre lang in verschiedenen Funktionen, bis sie 1998, als Generalsekretärin, im entscheidenden Moment den Bruch mit Kohl vollzog. Klar, kühl und berechnend.

Von Merkel wissen wir, dass sie sich, noch in der DDR, beim Abwaschen die Namen von Westpolitikern aufsagte. Schmidt, Strauß und Kohl, die Großen eben, aber es fiel da auch der Name Stoiber. Das hat ihm Merkel einmal erzählt, und Stoiber trug das dann nach außen, weil es ihm schmeichelte. Es gab ihm wohl auch ein gewisses

Gefühl der Überlegenheit. Er war ja schließlich schon längst in politischen Spitzenpositionen, als die Diplomphysikerin Merkel an der ostdeutschen Akademie der Wissenschaften noch über den »Mechanismus von Zerfallsreaktionen« promovierte. Schön für Stoiber, wenn der Konkurrentin die Kompetenz seines politischen Lebenslaufes bewusst war. Vielleicht hat er sich ihr auch deshalb immer überlegen gefühlt. Es gab aber tatsächlich Zeiten, da war Stoibers Position auch in der CDU stärker als Merkels.

Die Bundestagswahl 1998 war ein Debakel für CDU/CSU. Die »Kohl muss weg«-Stimmung in Deutschland ließ die Union mit 35,2 Prozent auf ihr schlechtestes Ergebnis seit 1949 abstürzen. Auch Angela Merkel, die Landesvorsitzende der CDU Mecklenburg-Vorpommern und Direktkandidatin von Stralsund-Rügen-Grimmen, verlor elf Prozent der Erststimmen. Insgesamt büßte die CDU mit 6,4 Prozentpunkten mehr als zehnmal so viel ein wie die CSU. Die Bayern konnten bei einem Verlust von 0,6 Prozentpunkten immerhin noch gewichtige 47,7 Prozent einfahren. Trotzdem kündigte CSU-Chef Theo Waigel im Gefolge von Kohl seinen Rücktritt an. So führte der seit 1993 amtierende bayerische Ministerpräsident Edmund Stoiber ab Januar 1999 als starker Mann nun auch die CSU. Merkel wiederum war ab 1991 unter Kohl zuerst farblose Bundesministerin für Frauen und Jugend und dann eine wenig auffällige Bundesumweltministerin. Kurz bevor Stoiber seine größte Machtfülle erreichte, war Merkel im November 1998 Generalsekretärin des neuen CDU-Chefs und Fraktionsvorsitzenden Wolfgang Schäuble geworden.

Ein Jahr danach kam der Parteispendenskandal der CDU ins Rollen. Zuerst geriet Kohl ins Zwielicht, weil er sich unter Verweis auf sein »Ehrenwort« weigerte, die ihm bekannten Geldgeber zu nennen. Generalssekretärin Merkel erlöste die CDU dann mutig aus ihrer Schockstarre. In einem Gastbeitrag für die »Frankfurter Allgemeine Zeitung« kritisierte sie öffentlich Kohls Haltung und forderte ihre Partei zur Abnabelung vom Altkanzler auf. Kurze Zeit später musste auch Schäuble frühere Behauptungen korrigieren und zugeben, persönlich eine dubiose Barspende des zwielichtigen Rüstungslobbyisten Karlheinz Schreiber angenommen zu haben. Schäuble erklärte seinen Rücktritt. Die CSU und vor allem Stoiber waren bei diesen Turbulenzen der jetzt plötzlich führerlosen Unionsschwester ein stabilisierendes Element. Stoiber unterstützte zuerst massiv die erfolgreiche Kandidatur des jungen Friedrich Merz für den Vorsitz der Bundestagsfraktion und kurz darauf auch Merkels Aufstieg zur CDU-Vorsitzenden. Eine Zeit, in der Stoiber Merkel wirklich überlegen war, es sie aber nicht spüren ließ. Das sollte sich später ändern.

Nach der Jahrtausendwende war die Union, mit Ausnahme der CSU in Bayern, geschwächt. Rot-Grün mit dem Machoduo Schröder und Fischer befand sich im Aufwind, die Union musste sich für die Bundestagswahl 2002 positionieren. Friedrich Merz, der neue einflussreiche Fraktionschef, warf als Erster seinen Hut in den Ring. Also musste auch CDU-Chefin Angela Merkel Position beziehen und ihre Bereitschaft zur Kandidatur erklären. Doch im Hintergrund lief die K-Frage bereits auf Edmund Stoiber zu. Der Dresdner CDU-Bundesparteitag hatte sich im Dezember 2001 noch um eine Entscheidung herumgemogelt, zu groß war die Gefahr, dass Merkel am Widerstand vor allem der jüngeren CDU-Ministerpräsidenten und Landesvorsitzenden scheitern könnte. Roland Koch, Christian Wulff und Peter Müller hielten nichts von einer Kanzlerkandidatin Merkel und favorisierten den starken Stoiber. Am 11. Januar 2002 sollte auf einer Bundesvorstandssitzung der CDU in Magdeburg die Entscheidung fallen. Merkel wollte Kanzlerkandidatin werden, Am

6. Januar 2002 kündigte sie in einem großen Interview in der »Welt am Sonntag« offen an: »Ich bin bereit zur Kanzlerkandidatur.« Große Aufregung innerhalb der CDU. Der hessische Ministerpräsident Koch brach seinen Urlaub ab und kündigte an, er werde nach Magdeburg reisen. Die Drähte glühten. Merz, Wulff, Teufel, Müller, Bernhard Vogel, alles Merkel-Skeptiker, reagierten alarmiert. Merkel blieb das natürlich nicht verborgen. Blitzschnell realisierte sie, dass ihre Chancen schwanden, bei der CDU-Vorstandsklausur als Kanzlerkandidatin akzeptiert zu werden. Wenn sie nicht Gefahr laufen sollte, beschädigt zu werden, musste sie umdisponieren. Ihr Plan, 2002 Kanzlerkandidatin der Union zu werden, war nicht durchsetzbar. Inzwischen streute auch Stoibers damaliger Staatskanzleisprecher Martin Neumeyer unter Journalisten »auch Stoiber sei bereit«. Stoiber war ob dieser plötzlichen Dynamik der K-Frage plötzlich verunsichert und hielt seinem engen Mitarbeiter vor, er sei da aber schon weit vorgeprescht. Merkel aber hörte die Signale und deutete sie richtig. Kurz entschlossen fuhr sie deshalb nach Wolfratshausen zum Frühstück.

Angela Merkel hatte es eilig. Sie war schon am Vorabend des 11. Januar in München. Doch Stoiber hatte unaufschiebbare Termine. Merkel übernachtete also am Flughafen, um am nächsten Morgen pünktlich zu sein. Stoiber war letztlich überrascht, wie direkt sie ihm die Kanzlerkandidatur antrug. Es blieb ihm keine Zeit zu überlegen oder zum zögerlichen Taktieren. Er musste zusagen. Es war ein Freitag. Schon am nächsten Tag hatte Stoiber bei der Klausur der CDU-Spitze in Magdeburg seinen ersten Auftritt als Kanzlerkandidat der Unionsparteien. Natürlich war eine mögliche Kandidatur in Stoibers engster Umgebung schon vorher durchdiskutiert worden. Die einen warnten davor, das sei nicht durchzustehen, die CDU-Landesverbände würden es an Unterstützung für einen CSU-Kandidaten fehlen lassen. So wie 1980, als Strauß antrat. Die anderen argumentierten, »wenn sich Stoiber jetzt nicht traut, dann kauft ihm keiner mehr was ab«. Er hätte jetzt die Chance anzutreten, um in Deutschland Reformen durchzusetzen und das zu tun, was ihn in Bayern stark gemacht habe. Das reizte Stoiber, und er war innerlich bereit für den großen Sprung. Vier Tage zuvor war bei der Kreuther Klausurtagung der CSU-Bundestagsabgeordneten erstmals öffentlich und offiziell seine Kanzlerkandidatur gefordert worden. Stoiber war aber klar, dass diese ihm nicht nur aus eigener Stärke zugefallen war, sondern aufgrund der Schwäche der CDU. Denn die gibt ohne Not ihren Führungsanspruch in der konservativen Fraktionsgemeinschaft nicht auf. Das galt unter Kohl und das galt unter Merkel.

Die CDU beansprucht stets mit dem Recht der großen Schwester die Kanzlerkandidatur innerhalb der Union. Die CSU war zwar immer ein Garant für hervorragende Wahlergebnisse, hatte aber auch den Ruf einer Quertreiberin gegen die Hauptstadtpolitik, weil das zum Selbstverständnis der Partei gehörte. Stoibers Verhältnis zu Merkel war 2001 ein anderes als das zwischen Strauß und Kohl 1980. Der überließ als gewiefter Taktiker dem, 1978 aus Bonn nach München zurückgekehrten, Strauß die für die Union eigentlich nicht zu gewinnende Wahlauseinandersetzung mit Helmut Schmidt. Kohl ging aber nicht selbst in den Kandidatenclinch mit Strauß, sondern schob den niedersächsischen Ministerpräsidenten Ernst Albrecht vor. Kohl hoffte damals insgeheim, Strauß kleinzukriegen und loszuwerden, wenn dieser als Kanzlerkandidat scheitern würde. Die Rechnung ging auf. Merkel dagegen kam nach Wolfratshausen, weil sie erkannte, die Union braucht den erfolgreichen bayerischen Ministerpräsidenten und CSU-Chef, um in der Bundestagswahl 2002 gegen Schröder wenigstens eine reelle Chance zu haben. Schröder stand damals massiv in der Kritik. Einer seiner schärfsten und profiliertesten Widersacher war Edmund Stoiber. Der befand sich auf dem Höhepunkt seiner Macht und trimmte Bayern zum Vorzeigestaat, was bundesweite Beachtung fand. Stoiber hatte also all das, was Merkel nicht vorzeigen konnte, das Ansehen eines Machers und nachweisbare Erfolge. Merkel war wohl nicht überzeugt davon, dass Stoiber die Wahl gewinnen könnte. Sie kannte die historischen Vorbehalte vieler CDU-Landesverbände gegen einen CSU-Kandidaten, auch war das Image des »preußischen Bayern« und politischen Hardliners Stoiber deutschlandweit eher eine Belastung im Vergleich zur Ausstrahlung Schröders. Aber Merkel blieb keine andere Wahl, sie entschied, wie immer, rational. Mag sein, dass sie auch damit rechnete, im Falle von Stoibers Niederlage den selbstbewussten Rivalen loszuwerden.

Angela Merkel unterstützte aber den Kanzlerkandidaten Stoiber voll. Sie fiel ihm kein einziges Mal in den Rücken, ließ ihn aber bei der medialen Bewältigung der Flutfolgen im Osten ziemlich allein. Stoiber erarbeitete sich in der Unionsfraktion und auch unter den Landesfürsten der CDU ein hohes Ansehen. Die große Unionsschwester war durchaus beeindruckt, wie Stoiber kämpfte, wie er sich 2002 bemühte, nicht den großen Bayern herauszukehren und sich Ecken und Kanten abschleifen ließ. Vielleicht wirkte die Wandlung des Edmund Stoiber unglaubwürdig, vom »geklonten Edmund« spotteten manche. Die Wahl seines neuen Beraters und Persönlichkeitstrainers Michael Spreng war sicher nicht die richtige, Stoiber erschien weichgespült und auf der Wahlkampfbühne bisweilen gehemmt. Kein Vergleich zu Schröder, der vor Leuten und Mikrofonen immer aufblühte. Dennoch war Stoibers Niederlage sehr knapp. Beinahe hätte er sein »Glas Champagner öffnen« können. Sein bundespolitischer Marktwert blieb auch nach dem knappen Scheitern hoch. Er verzichtete darauf, diversen CDU-Landesverbänden ihre, im Vergleich zu Bayern, ziemlich mäßigen Wahlergebnisse vorzuhalten. Äußerlich versuchte er möglichst schnell wieder zur Normalität überzugehen, innerlich aber erschütterte ihn die Niederlage. Er hat sie nie verwunden, wohl auch deshalb fühlte er sich in den Folgejahren noch als »immerwährender« Kanzlerkandidat der Union. Als solcher beging er dann im Umgang mit der machtbewusster auftretenden CDU-Vorsitzenden entscheidende Fehler.

Merkel baute ihre Macht kontinuierlich aus, von Stoiber kamen Querschüsse. Im Sommer 2004 verstieg er sich im kleinen Kreis von CSU-Parteifreunden zu einem verhängnisvollen Urteil. Er bewertete CDU-Chefin Merkel und den FDP-Vorsitzenden Westerwelle im Vergleich zu Schröder und Fischer. Der Kanzler und sein Außenminister seien »keine Leichtmatrosen« und mit einer »ostdeutschen Protestantin und einem Junggesellen aus Bonn« könne die Union die Wahl nicht gewinnen. Klar, dass diese Stichelei Merkel erreichte. Sie war darüber nicht amüsiert. Vor allem, da Stoiber intern mehrmals, sogar vor Journalisten, ein barsches Urteil über Merkel herausrutschte: »die kann es nicht!« Er hat das revidieren müssen und auf der Berliner Bühne mit Zurechtweisungen und einer persönlichen Niederlage für seine Fehleinschätzung bezahlt.

Rückblickend hat Stoiber dann, bei offiziellen öffentlichen Auftritten, sein Verhältnis zur späteren Duzfreundin zu schönen versucht. »Eines muss ich richtigstellen, ich hab seit vielen, vielen Jahren, eigentlich seit 1990 und das sind jetzt schon 17 Jahre, ein gutes persönliches Verhältnis zu Angela Merkel. Gerade als sie dann Parteivorsitzende geworden war, konnte ich mich immer auf das verlassen, was wir vereinbart haben. Nur bei der Bildung der neuen Bundesregierung, da gab es halt auch die eine oder andere Schwierigkeit, das hat unser Verhältnis überhaupt nicht getrübt.« Das ist nicht wahr, und das weiß Stoiber auch. Nach seinem Rücktritt gestand er es, unter vier Augen und ohne Mikrofone, wenigstens ansatzweise zu. Sein Verhältnis zu Angela Merkel sei »nie schlecht gewesen, aber angespannt«. Mit seinem Urteil »die kann es nicht« sei er schließlich nicht allein gestanden in der Union. Namen nannte Stoiber da aber nicht. Die Merkel-Kritiker, auf die er sich da berief, dürften zu den Unionspolitikern um Roland Koch gehört haben. Der wollte ab Mitte 2003 einen strammeren Kurs gegen Schröders Reformkurs fahren und war mit der politischen Taktik von Merkel höchst unzufrieden. Brandenburgs CDU-Chef Jörg Schönbohm, Erwin Teufel, der baden-württembergische Ministerpräsident, auch Christian Wulff aus Niedersachsen und natürlich Merkels Erzrivale Friedrich Merz waren auf Kochs Seite. Merz geriet allerdings auch mit Stoiber über Kreuz, als dieser 2002 Merkel bei ihrem Anspruch auf den Fraktionsvorsitz unterstützte. Der bisherige Fraktionsvorsitzende Merz, früher ein Liebling Stoibers, blieb verbittert auf der Strecke. In dieser Zeit wurden Merkels Chancen als künftige Kanzlerkandidatin in Hintergrundzirkeln der Union durchaus angezweifelt. Doch nach einer neuerlichen Kandidatur von Stoiber rief deshalb niemand.

Stoiber blieb, in den Augen von Merkel, ein Störenfried. Ob 2004 beim Thema EU-Beitritt der Türkei, bei der Gesundheitsreform mit der berühmten »Kopfpauschale« oder bei der Wirtschaftspolitik, oft gab es da Negatives aus München. Nicht immer von Stoiber selbst, er schickte seine Getreuen vor. Merkel wusste zwar, dass solcher mehr oder weniger dosierter Widerspruch zum Programm der CSU gehörte, es erhöhte aber ihr Misstrauen gegen Stoiber. Sie wurde das Gefühl nicht los, dass er seinen Anspruch auf eine Kanzlerkandidatur erneuern könnte. Stoiber stritt dies zwar in Interviews stets ab und sprach von notwendiger oder klärender inhaltlicher Auseinandersetzung. Auf Fragen, ob denn Angela Merkel eine geeignete Kanzlerkandidatin wäre, zog er sich mit dem Allgemeinplatz aus der Affäre, die Vorsitzende der CDU sei immer eine geeignete Persönlichkeit, Gleiches gelte übrigens auch für den Vorsitzenden der CSU. Sollte Stoiber je geglaubt haben, er könne sich noch einmal gegen die CDU durchsetzen, dann war das ein grandioser Fehler. Vor allem hätte er da den Machtwillen und die Beharrlichkeit von Merkel unterschätzt.

Besonders problematisch waren die letzten Monate vor der Bundestagswahl 2005. Merkel war die Kanzlerkandidatin der Union, und Stoiber machte Wahlkampf für sie. In Bayern hofierten sie die CDU-Vorsitzende bei CSU-Veranstaltungen mit »Angie, Angie«-Rufen. Äußerlich wurde da durchaus der Eindruck vermittelt, die CSU stehe wie ein Mann hinter ihr. Zu Stoibers Staatskanzleiminister Erwin Huber hatte Merkel sogar eine besonders gute Beziehung. Sie lernte ihn als kundigen politischen Arbeiter ohne eigene Ambitionen kennen. Eine Wertschätzung, die sich im späteren Angebot ausdrückte, ihr Kanzleramtsminister zu werden. Huber lehnte ab, obwohl er damals, kurz nach Stoibers Rückkehr aus Berlin, in Bayern düpiert war. Das hieß auch für ihn, zurück ins Glied. Es war aus mit den Ambitionen auf das Ministerpräsidentenamt. All die Rangeleien mit Beckstein waren umsonst, denn »der Chef« hatte es sich doch wieder anders überlegt und kehrte auf seinen eigentlich schon verwaisten Sessel zurück.

Doch in den Sommermonaten vor der Wahl wäre Stoiber von Merkel gerne als der künftige »Superminister« hofiert worden. Merkel wiederum war angesäuert ob des Stoiber'schen Zickzackkurses. Es war aber nicht nur dieses Geziehe, »kommt er nun nach Berlin oder nicht, und wenn ja, was will er denn dann werden«, das Merkel verstimmte. Sie empfand auch, dass Stoiber ihr im Sommer 2005 in den

Rücken gefallen war mit seinen Nörgeleien an der Wahlkampfstrategie. Stoibers Forderung, die CDU-Kanzlerkandidatin müsse faktisch unerreichbare, 45 Prozent holen, wertete Merkel als gezielte Gemeinheit.

Edmund Stoiber hat Angela Merkel nicht nur unterschätzt, sondern wohl nie richtig eingeschätzt. Ihre uneitle, reservierte Art blieb ihm fremd. Er zeigte selten Gefühle, Merkel noch seltener. In CSU-Frauenkreisen beschrieben sie die schlechte Chemie zwischen den beiden sehr direkt: »Der Stoiber hat die weibliche Psyche der Merkel falsch eingeschätzt.« Stoiber hatte in seinem privaten wie politischen Leben eigentlich nie mit emanzipierten Frauen zu tun. So vollzog er auch ganz spät, erst nach seinem Berlin-Intermezzo, die längst notwendige familienpolitische Kehrtwende der CSU. Weg von reiner Familien- und Kindergartenbetreuung hin zu Kinderkrippen für Kleinkinder, deren Mütter Familie und Beruf vereinbaren wollen und müssen.

Merkel hat Stoiber ausgesessen. Der merkte das zu spät. Schon in den Vierergesprächen mit den Koalitionären Schröder, Müntefering auf der einen und Stoiber, Merkel auf der anderen Seite hielt sie sich zurück, ließ die Männer reden und hatte längst ihren eigenen Plan. »Balzende Hähne erlegt man beim Fliegen«, umschrieb das Michael Glos. Auf dem Höhepunkt der Streitereien Stoibers mit Bundesbildungs- und Forschungsministerin Schavan wurde Merkel von einem SPD-Mitglied der Koalitionsarbeitsgruppe angerufen, sie möge doch im Sinne der Sache schlichtend eingreifen. Merkel antwortete aber nur trocken: »alles zu seiner Zeit«, so als ahnte sie schon, dass Stoiber selbst die Konsequenzen ziehen würde. Der CSU-Chef musste sich eingestehen, Merkel ist mir im Berliner Machtspiel über. Das war mit Stoibers Ehrgeiz nicht vereinbar. Der alte Strauß hätte gesagt: »ut caesar ut nihil – entweder der Erste oder gar nicht«. Strauß wollte zu seiner Zeit nicht der Dritte sein hinter Kohl und der FDP, und auch von Stoiber gab es später unter Parteifreunden den Ausspruch: »ich kann doch nicht die Nummer drei hinter Merkel sein«. Merkel wiederum machte es wie Kohl mit Strauß. Als ihre Kanzlerschaft gesichert war, zeigte sie Stoiber gegenüber ein anderes, ein egoistischeres Verhalten. Stoiber hatte plötzlich das Gefühl, Merkel lege keinen Wert mehr darauf, Stoiber im Kabinett zu haben.

Noch etwas muss Merkels Misstrauen gegen Stoiber in den Tagen nach der Bundestagswahl 2005 genährt haben. Es gab da allerlei Gerüchte, ob es denn zwischen Edmund Stoiber und Gerhard Schröder etwa Gespräche und Abmachungen gebe, um eine Bundeskanzlerin Merkel zu verhindern. Da waberten Andeutungen durch Berlin, die aber nie konkret wurden. Auslöser war der legendäre und abstoßende Auftritt Schröders in der »Elefantenrunde« von ARD und ZDF am Wahlabend des 18. September. Es werde niemand gelingen, eine Regierung zu bilden, triumphierte Schröder und düpierte die Kanzlerkandidatin Merkel mit dem herausgeschleuderten Satz: »ich sage Ihnen, ich führe Gespräche, und ich sage Ihnen voraus, die werden erfolgreich sein«. Tatsächlich hat Schröder hinterher Stoiber aufgefordert, in den nächsten Tagen mal mit ihm zu reden. Was lief da zwischen den beiden? Auffällig war ja, dass nicht Stoiber in der Fernsehrunde den so frech auftrumpfenden Schröder in die Schranken wies, sondern FDP-Chef Westerwelle. Es folgten wirre Spekulationen, ob wegen des knappen Wahlausgangs eine Große Koalition mit einer »Israel-Lösung« Deutschland regieren könnte. Also Tausch der Kanzlerschaft zwischen SPD und Union nach der Hälfte der Legislaturperiode. So etwas lehnte aber die gesamte Union ab, auch Stoiber.

Der »stern« enthüllte über ein Jahr später, dass es tatsächlich den Versuch eines Angebots von Noch-Kanzler Schröder an CSU-Chef

Stoiber gegeben habe, Merkel als Bundeskanzlerin zu verhindern. Das wurde in Stoibers Umgebung auch bestätigt. Als dies Merkel Ende 2006 erfuhr, reagierte sie sehr überrascht. Damals, am Wahlabend 2005, wurde sie aber durch Schröders verbale Ausfälle gestärkt. Denn jetzt schlossen sich die CDU-Reihen fest hinter ihr. Also unternahm Schröder einen Versuch, sich mit Stoiber zu verbünden. Es kam zwar nicht zu dem am Wahlabend angebotenen Gespräch, sondern ein Bote wurde vorgeschickt. Stoiber erzählt das heute fast amüsiert, wohl auch wegen der konspirativen Umstände. Schröder fädelte das mit Unterstützung des damaligen Bundesinnenministers Otto Schily ein. Der kannte aus den Vorbereitungszeiten zur Fußball-WM 2006 einen scheinbar geeigneten Mann. Fedor Radmann, Sportfunktionär aus Bayern und im Organisationskomitee für die WM, eine Art Vizepräsident unter Beckenbauer. Über den »Kaiser« hatte Radmann auch Verbindungen zu Stoiber, und so bekam er drei Tage nach der Wahl, am 21. September 2005, einen Termin bei Edmund Stoiber in der Münchner Staatskanzlei. Er brachte ein »abenteuerliches« Angebot mit. Stoiber solle in einer von Schröder geführten Großen Koalition der erste Unionsmann werden und damit Merkel ausbooten. Stoiber hörte sich das stirnrunzelnd an, schüttelte nur den Kopf und komplimentierte den von ihm sowieso wenig geschätzten »Berater« und Sportfunktionär schnell wieder hinaus. »Nach zehn Minuten war der draußen«, beteuern Stoibers damalige Mitarbeiter. »Stoiber habe Merkel gestützt, wo er ihr auch hätte schaden können«, fügen seine Getreuen bei ihren rückblickenden Hintergrundinformationen noch an. Stoibers Ankündigung in der Fernsehrunde am Wahlabend 2005, »er sei bereit Verantwortung in Berlin zu tragen«, sei auch im Nachhinein nicht so interpretierbar, als hätte er sich noch Hoffnungen auf einen »Alternativkanzler« gemacht. Aber Stoiber fühlte sich nach Münteferings scheinbarer parteipolitischer Schwächung ohne starke Bundesgenossen in einem Kabinett Merkel. Sich hier einzufügen, wie es sein Berliner Statthalter Glos tat, willig, farblos und ohne eigene Handschrift, das wäre nie und nimmer Stoibers Sache gewesen. »Ich kann auch ohne Kabinettsamt in Berlin Einfluss ausüben«, mit diesem Satz aus dem Lehrbuch Strauß redete sich Stoiber seinen Sinneswandel schön. Eine politische Kalkulation, die nicht aufgegangen ist, weil daheim in Bayern die Risse im Fundament des Edmund Stoiber immer größer wurden. Warnungen schlug er in den Wind, weil er zunehmend falsch beraten war.

Kapitel 9

»Links winken, rechts winken« – Die engsten Mitarbeiter

Edmund Stoiber hatte viele getreue Mitarbeiter. Manche begleiteten ihn fast während seiner gesamten politischen Karriere. Wer sich vor Stoibers Karren spannen ließ und die Tortur auf sich nahm, das mörderische Arbeitstempo mitzugehen, der musste das nicht bereuen. Viele Spitzenposten bayerischer Ministerien sind mit solchen Leuten besetzt. Bei den Amtschefs wimmelt es geradezu von ehemaligen engen Stoiber-Mitarbeitern. Auch die wenigen Frauen, die ihm persönlich zuarbeiteten, haben in der Folge einen Turboaufstieg hingelegt. Posten gibt es genug, von der Ministeriumsspitze über die Führung von Bezirksregierungen bis zur Leitung der bayerischen Vertretungen in Brüssel und Berlin.

Hatte Stoiber in seiner Staatskanzlei ein »Küchenkabinett«? Je mehr er sich von der Basis seiner Mandatsträger entfremdete, desto öfter wurde sein engster Mitarbeiterkreis so bezeichnet. Stoibers Führungsstil, sein Umgang mit der Partei hatte sich ja verändert, je belasteter und mächtiger er wurde. Der früher so konstruktive Diskussionsstil, seine fragende Neugier, wichen einem scheinbar effizienteren Arbeitsstil. Problem erkennen, Lösung durchsetzen und nicht so viel nach unten schauen, das war der neue Stoiber. Ein Wandel mit Folgen, weil er sich verhängnisvoll auswirkte auf seine parteiinterne Kommunikation.

Unter den CSU-Abgeordneten gab es in der Folge richtiggehende Aversionen gegen Stoibers »Einflüsterer« in der Staatskanzlei. Es wurden dabei auch Namen genannt. Walter Schön, oberster Beamter der Staatskanzlei, Michael Höhenberger, Büroleiter Stoibers und Martin Neumeyer, der Regierungssprecher. Schön und Höhenberger begleiteten Stoiber schon seit 1988, seit seiner Zeit als Innenminister. Stets waren sie als Beamte auch parteilicher Arbeit zugeneigt. Offiziell bestreiten sie so etwas natürlich, aber in der Praxis des Umgangs mit einem Chef, der nicht nur ein Regierungsamt, sondern immer auch herausgehobene Parteifunktionen hatte, verwischen sich da die Trennlinien. Das ist in den oberen Etagen deutscher Politik so üblich.

Walter Schön, ein sehr korrekt auftretender Mensch, mit einer, vor allem gegenüber Journalisten abweisenden Reserviertheit, hatte lange großen Einfluss auf Stoiber. Er war der Architekt der Reformen, er trieb Stoiber dazu an, nach dem grandiosen Wahlsieg 2003 »durchzuregieren«. Schön zog an den Fäden der Macht, er war nicht nur oberster Beamter, sondern, als kluger politischer Kopf, auch ein Stratege, auf den Stoiber hörte. So war Walter Schön lange sein wichtigster Ratgeber. Schön wurde geschätzt, aber auch gefürchtet. »Rasputin der Staatskanzlei« nannten sie ihn in CSU-Kreisen. Er hatte immer Zugang und Stoiber stets ein Ohr für ihn. Schön wurde dafür verantwortlich gemacht, dass Stoiber, trotz aller innerparteilichen und öffentlichen Widerstände, die Sparpolitik und die Verwaltungsreformen zur Haushaltsanierung so rigide durchzog. Die mit Kopfschütteln begleitete Abschaffung des Obersten Landesgerichts wird dem Betreiben Schöns zugeschrieben. Als Amtschef der Staatskanzlei ist er auch oberster Beamter Bayerns. Er nutzte das, um die Machtposition der Staatskanzlei auszubauen. Mehr und mehr mischten sich Beamte der Regierungszentrale in die Arbeit der Ministerien ein und brachten alle auf den scharfen Spar- und Reformkurs der Regierungszentrale. Das ist zwar legitim zur Durchsetzung der Richtlinienkompetenz eines Ministerpräsidenten, widersprach aber bewährten Praktiken bayerischen Verwaltungsalltags. Die Beamtenschaft in den Ministerien sah sich da manchmal vor den Kopf gestoßen. All das blieb natürlich nicht unbemerkt und unkommentiert im Landtag. In der CSU-Regierungsfraktion wurde die Dominanz des »Systems Schön« mit gemischten Gefühlen gesehen und negativ einem »System Stoiber« zugeordnet.

Michael Höhenberger, der zweite Spitzenbeamte mit großem Einfluss, diente als Jurist und junger CSUler schon 1978 bei Generalsekretär Stoiber als Redenschreiber. Er folgte ihm noch unter Strauß als Leiter der Planungsabteilung in die Staatskanzlei und dann als persönlicher Referent ins Innenministerium. Er war dort auch »Führungshilfe 3« und als solche stand er unter dem öffentlichen Vorwurf, während seiner Dienstzeit CSU-Analysen erstellt zu haben. Im Untersuchungsausschuss des Bayerischen Landtags bestritt dies Höhenberger und sagte aus, er habe all das in seiner Freizeit ohne Wissen Stoibers gemacht. Das glaubte ihm zwar niemand, aber es war von der Opposition auch nicht zu widerlegen. Höhenberger war Stoibers Mann für alle Fälle, ein Beamter mit einem Gespür für die Partei. Folgerichtig ließ sich Höhenberger von 2001 an als Landesgeschäftsführer in die CSU-Parteizentrale abordnen. Da Stoiber als CSU-Chef die Partei sowieso von der Staatskanzlei aus führte, war es eine logische Konsequenz, einen Staatskanzleibeamten als Vollstrecker ins Franz Josef Strauß-Haus zu setzen. Es waren die harten Zeiten des Kanzlerwahlkampfes und des bundespolitisch aktiven Stoiber. Höhenberger entmachtete in der Folgezeit Generalsekretär Thomas Goppel und das mit Billigung Stoibers. In wichtigen Fragen hatte Goppel nichts mehr zu sagen, Höhenberger umso mehr. Aber es waren nicht immer die richtigen Ratschläge und Entscheidungen. Goppel fühlte da, als unermüdlich durch die Parteigliederungen tourender Generalsekretär, manchmal den Puls der CSU besser.

Höhenberger kehrte 2004 wieder in die Staatskanzlei zurück, da in der Parteileitung der neue Generalsekretär Markus Söder als strammer Stoiberianer keinen Aufpasser brauchte. Höhenberger rückte als Büroleiter noch enger an Stoiber heran und beging dort einen folgenschweren Fehler. Anfang November 2006 telefonierte er von seinem Büro in der Staatskanzlei aus mit seinem alten politischen Freund Horst Müller, dem Wirtschaftsreferenten der Stadt Fürth. Im Führter Landratsamt regierte Gabriele Pauli, die als Mitglied des CSU-Landesvorstands nach Stoibers Berlin-Debakel zu seiner hartnäckigsten innerparteilichen Kritikerin wurde.

Sie forderte ihn wiederholt auf, 2008 nicht mehr als Ministerpräsident zu kandidieren. In einem Internetforum rief sie sogar offen zur Diskussion über Stoiber auf. Sie schloss diese Website allerdings nach wenigen Wochen, weil die dortigen Beiträge niveaulos wurden. Eigentlich waren Paulis Aktionen schon am Abklingen, als der gewiefte Höhenberger eine politische Dummheit beging. Er erkundigte sich in Fürther CSU-Kreisen über das Verhalten der Gabriele Pauli und ob es denn dafür Erklärungen gebe. Eine Stunde lang dauerte das Gespräch, aus dem dann die Spitzelaffäre wurde. Denn natürlich berichtete der Fürther CSU-Mann seiner Parteikollegin vom Anruf aus der Staatskanzlei. Die Berichte über den Gesprächsinhalt gingen dann auseinander. Nach Männerbekanntschaften und Alkoholproblemen soll Höhenberger gefragt haben, berichtete die darob höchst erregte Pauli. Horst Müller bewertete, als er von Reportern bedrängt wurde, das Gespräch »als eine Art von Bespitzeln«. Wenig später änderte er aber seine Meinung und spielte das Ganze herunter. Jetzt war es plötzlich ein eher informatives Gespräch unter politischen Freunden.

Höhenberger war damals Büroleiter des von Pauli angegriffenen Ministerpräsidenten und hätte dieses Telefonat in seiner Funktion nicht führen dürfen, zumal von seinem Telefon in der Staatskanzlei aus. Wenn der Büroleiter des Regierungschefs anruft, bekommt das Ganze sofort einen offiziellen Charakter. Höhenberger hatte dann auch noch versucht das Ganze abzubiegen und nichts zugegeben. Schließlich räumte er immerhin einen »banalen Fehler« ein. Sein

Gesprächspartner Müller entschuldigte sich später mehrfach dafür, dass er von dem Anruf überhaupt Pauli erzählt habe und betonte, er habe sich keineswegs vom Stoibervertrauten »ausgehorcht« gefühlt. Öffentlich gemacht wurde die Angelegenheit durch die Fürther Landrätin Pauli selbst. Sie hielt sich zunächst, trotz großer Empörung, an ein geordnetes Verfahren und ging noch nicht an die Öffentlichkeit. Rund vier Wochen lang bat sie vergeblich um einen offiziellen Termin bei Stoiber. Sie wollte ihm von der »Bespitzelung« unter vier Augen berichten. Doch der war schon seit Monaten erbost über seine Kritikerin. Er dachte nicht daran, ihr Gehör zu schenken.

Also nutzte Pauli die letzte CSU-Vorstandssitzung vor Weihnachten, am 18. Dezember 2006. Sie meldete sich zu Wort und fragte Stoiber, was er denn davon halte, dass sie von einem Beamten der Staatskanzlei bespitzelt werde. Sie verwahre sich entschieden gegen diese Ausforschung ihres Privatlebens. Dem versammelten CSU-Vorstand teilte sie mit, dass sie wegen dieser heiklen Sache schon länger dringend mit Stoiber selbst habe sprechen wollen, er ihr aber ein Gespräch verweigert hätte. Stoiber reagierte ungehalten: »dafür sind Sie nicht wichtig genug«. Es war die völlig falsche Antwort zum falschen Zeitpunkt. Doch keiner im CSU-Vorstand hatte den Mut einzugreifen, obwohl die Brisanz dieser Geschichte allen bewusst gewesen sein muss. Nur der damalige Wirtschaftsminister Erwin Huber biss in alter Generalsekretärsmanier in die falsche Richtung und warf Pauli unter Beifall mangelnde Parteisolidarität vor. Der damit überforderte Staatskanzleiminister Eberhard Sinner wurde beauftragt, die Sache mit Pauli zu klären. Er bekam sie nicht in den Griff.

Höhenberger, der mit seinem unbedachten Anruf die Lawine losgetreten hatte, wurde unter öffentlichem Druck von Stoiber fallen gelassen. Er fiel aber weich und wurde in der Staatskanzlei mit Hintergrundaufgaben betraut. Dennoch war der Stoibervertraute zutiefst getroffen und zerknirscht. Er beantragte ein Disziplinarverfahren gegen sich und wurde Monate später offiziell durch die Landesanwältin rehabilitiert. Da war die Pauli-Geschichte längst aus dem Ruder gelaufen. Der Boulevard blies das Ganze zur Sex and Crime-Geschichte auf, die »schöne Landrätin« wurde zur Heldin hochstilisiert. Die Geschichte war reizvoll. Gabriele Pauli genoss die neue Aufmerksamkeit und gab in zahlreichen Interviews das Stoiber-Opfer. Die Öffentlichkeit solidarisierte sich mit ihr gegen Stoiber und zeigte offenen Ärger über den arroganten Machtmenschen. Pauli fand plötzlich überall Gehör für ihre zentrale Forderung, die CSU solle künftig ihren Vorsitzenden mit einer Mitgliederbefragung bestimmen. Stoiber stand als Blamierter da und geriet noch mehr in die Defensive. Er hätte den Fall Pauli schon vor Monaten aus der Welt schaffen müssen. Wenn er als CSU-Chef aktiv auf seine Kritikerin aus dem Vorstand zugegangen wäre, hätte er ihren Attacken die Spitze genommen. Doch das war unter seiner Würde, trotz Appellen aus CSU-Kreisen. Aber er hörte bei entscheidenden Fragen nur noch auf den aktivsten Stoiberflüsterer, Martin Neumeyer.

Hier gibt es von Angehörigen aus der CSU-Spitze, aber auch Kreisen der Staatskanzlei eine klare Schuldzuweisung. Neumeyer vor allem habe, unterstützt noch von Generalssekretär Markus Söder, Stoiber darin bestärkt, nicht auf Pauli zuzugehen. Schön, Staatskanzleiminister Sinner und Höhenberger dagegen rieten dringend zu einem Treffen mit Pauli. Neumeyer schloss das kategorisch aus und Stoiber hörte auf ihn. Durch dilettantisches Krisenmanagement wurde der Schwelbrand erst richtig angefacht. Am 18. Januar 2007, also eine knappe Stunde nach seiner Rücktrittserklärung in der Staatskanzlei, empfing Stoiber in der CSU-Landesleitung dann doch Gabriele Pauli. Er kündigte die »disziplinarrechtliche Aufarbeitung«

des angeblichen Spitzeltelefonats an. Dieses Gespräch kam mindestens vier Wochen zu spät. Hätte Stoiber in der CSU-Vorstandssitzung souverän reagiert und gleich mit Pauli gesprochen, wäre manches anders gelaufen. So aber war, vor dem Hintergrund einer sowieso schon höchst kritischen Stimmung gegen Stoiber, der Fall Pauli der letzte Tropfen, der das Fass zum Überlaufen brachte. Die öffentliche Stimmung drehte sich endgültig gegen ihn, seine Umfragewerte waren verheerend. Auch innerhalb der Partei eskalierte die Geschichte.

Martin Neumeyer war also entscheidend daran beteiligt, dass Stoiber in diesem heiklen Fall falsch reagierte. Neumeyer sollte zu jenem Zeitpunkt, Ende 2006, eigentlich schon längst nicht mehr diesen Einfluss auf Stoiber haben. Als Anfang November 2005 in der Landtags-CSU die Wogen über die Berlin-Blamage schäumten, sahen viele Abgeordnete in Neumeyer das »Schlüsselproblem«. Das nahm solche Ausmaße an, dass der ja sowieso schon »wie ein Hund leidende« Stoiber in den sauren Apfel biss und Neumeyer zum Amtschef im Europaministerium »wegbeförderte«. Da das Europaministerium aber in der Staatskanzlei angesiedelt war, ging Neumeyer weiterhin bei Stoiber ein und aus. Viele in der CSU registrierten das und waren verstimmt.

Ein entscheidender Fehler Stoibers war, den konstruktiv abwägenden Beraterkreis aufzugeben und fast nur noch auf Neumeyer zu hören. Der hatte sich in Stoibers Presseabteilung zum Leitwolf hochgearbeitet. Fatal daran war, dass dadurch zwei ausgleichende Elemente weggebissen wurden, die Stoiber jahrelang besser beraten hatten, Friedrich Wilhelm Rothenpieler und Uli Wilhelm. Spitzenbeamte mögen es zwar nicht gerne, wenn über ihren Einfluss geschrieben wird, doch Aufstieg und Fall des Edmund Stoiber hängen ursächlich auch mit seinen verbeamteten Beratern zusammen.

Rothenpieler, mit Stoiber seit 1978 verbunden, ein ruhiger umfassend gebildeter Humanist von bestechender Freundlichkeit, arbeitete immer in seiner Nähe. Er leitete die Pressearbeit des Innenministers Stoiber und dann unter dem Ministerpräsidenten in der Staatskanzlei dessen Planungsstab und die Grundsatzabteilung. Ein ausgleichender Mensch, der Stoiber häufig empfahl »den Stier bei den Hörnern zu packen«, also Kritik aufzunehmen und auszuräumen. Doch mit zunehmender Belastung Stoibers, in den Jahren nach seiner gescheiterten Kanzlerkandidatur, war Rothenpielers Art bei Stoiber nicht mehr gefragt und er beförderte ihn weg auf den Sessel eine Amtschefs im Ministerium für Bundesangelegenheiten. Damit fehlte in Stoibers nächster Umgebung ein ruhender Pol und ein bremsendes Element.

Mit Rothenpieler war 1993 auch Ulrich Wilhelm in Stoibers Nähe gekommen. Er diente ihm bereits im Innenministerium als Pressesprecher. Er war begabt, hatte Ausstrahlung und rückte in der Staatskanzlei zum jüngsten Regierungssprecher auf. Wilhelm, vor seiner juristischen Beamtenlaufbahn selbst Journalist, prägte lange Stoibers Öffentlichkeitsarbeit im positiven Sinne. Er war ein charmanter Verkäufer und ging von sich auf Journalisten zu. Etwas, was die meisten verbeamteten Öffentlichkeitsarbeiter von Regierungsstellen sträflich vernachlässigen. Wilhelm spielte weitgehend mit offenen Karten und verkaufte den nicht immer einfach zu handhabenden Stoiber sehr geschickt. »Multum not multa – viel aber nicht vielerlei« war sein Wahlspruch für die Öffentlichkeitsarbeit. Als er im Januar 2004 dem »Rivalen« Neumeyer weichen musste, änderte sich das radikal. Selbst wohlmeinende externe Berater von Stoiber schüttelten den Kopf über die neue Hektik in der Staatskanzlei. »Beim Stoiber«, so zitierten sie einen bekannten Spruch, »werde jetzt oft in der Zeitung stehen mit guter Öffentlichkeitsarbeit verwechselt«. Auch enge Mitarbeiter stöhnten darüber, wenn es für Stoiber wieder einmal keinen wichtigeren Vorgang gab als eine von ihm platzierte dpa-Meldung.

Martin Neumeyer, der neue starke Mann für Stoibers Öffentlichkeitsarbeit, widersprach Stoiber selten oder wenn, sehr geschickt. Er präsentierte lieber fertige Lösungen. Als wacher Kopf war er schnell mit Papieren zur Hand und hatte meist schon bei dieser Agentur und jener Zeitung vorgefühlt wegen einer Veröffentlichung Stoiberscher Äußerungen. So etwas kam dem unter Druck stehenden Ministerpräsidenten, CSU-Chef und Kanzlerkandidaten gelegen. Gerade in der Frage der Kanzlerkandidatur hatte sich Neumeyer bei seinem Chef eingeprägt. Während der enge Mitarbeiterkreis noch skeptisch war und abwog, redete Neumeyer Stoiber vehement zu. Er ging da Anfang 2002 sehr weit, als er gegenüber Journalisten eigenmächtig die Botschaft »Stoiber sei bereit« streute. Er wollte Realitäten schaffen und seinen Chef nach oben puschen. Neumeyer war damals Pressesprecher der Staatskanzlei, Wilhelm Regierungssprecher. Beide saßen oft dabei, wenn Merkel anrief. Wilhelm und Neumeyer vertraten beim Thema Kanzlerkandidatur zwei Denkschulen. Wilhelm war skeptisch, ob die gesamte CDU wirklich einen harten Wahlkampf des Kandidaten Stoiber gegen Rot-Grün mittragen würde. Er befürchtete einen Einbruch, und dann stünde der CSU-Chef dreimal schlechter da als vorher. Neumeyer wiederum motivierte Stoiber. Wenn die CSU hinter ihm stehe, könne er seine in Bayern geschätzten Fähigkeiten deutschlandweit beweisen. Er müsse jetzt springen, da sei er seinem Ruf schuldig. Stoiber hörte auf Neumeyer, der fortan in seinem Ohr saß. Wilhelm blieb zwar weiterhin Stoibers erster Regierungssprecher, sah sich aber in der internen Hackordnung immer wieder von Neumeyer überflügelt.

Ulrich Wilhelm hing einer anderen Form von Politikberatung an als Martin Neumeyer. Das zeigte sich schon während des Kanzlerwahlkampfes 2002. Stoiber, der ja das Gefühl hatte, er habe gegen Schröder wegen des Irakkrieges und der Flut verloren, setzte auf die falschen Ratschläge, wie im Nachhinein zu sehen ist. Beispiel Irakkrieg: Schröder machte hier mit Außenpolitik innenpolitischen Wahlkampf. Er profilierte sich als Friedenskanzler und traf damit die Meinung einer Mehrheit der Deutschen. Stoiber stand 2002 mitten im Wahlkampf auf der Seite der USA. Ständig wurde er nach seiner Haltung gefragt. Er schloss zwar eine Beteiligung deutscher Soldaten an einer Kriegskoalition der »Willigen« kategorisch aus, befürwortete aber einen Angriff der USA bei einem entsprechenden UN-Mandat. Das hatte Stoiber eine Woche vor der Wahl bekräftigt. Diese Haltung Stoibers, wollte Wilhelm schon früher mit einer spektakulären Aktion medienwirksam verkaufen. Er hatte sondiert, ob UN-Generalsekretär Kofi Anan den Unionskanzlerkandidaten Stoiber empfangen würde und aus New York positive Rückmeldung erhalten. Hinterher hätte dann bei einem gemeinsamen Auftritt mit dem UN-Generalsekretär Stoibers differenzierte Haltung dargestellt werden können, Irakkrieg ja, aber nur mit UN-Mandant. Doch Neumeyer hielt nichts von dem Plan und setzte sich durch. Er ließ spontanen Aktionen wenig Raum, baute auf den abwägenden Staatsmann Stoiber. Das Ergebnis war bei der Oderflut 2002 zu besichtigen. Während Schröder sofort in legerer Kleidung und Gummistiefeln die Flutopfer herzte, stakste Stoiber zu spät mit unpassenden Posen durch die Überschwemmungsgebiete. Bilder, die sich nicht nur in den ostdeutschen Ländern einprägten. Auch Stoiber gestand hinterher ein, dass die Flut, neben dem Irakkrieg, dem Medienkanzler Schröder den wahlentscheidenden Auftrieb verschafft habe.

Neumeyer war auch die treibende Kraft hinter der politischen Strategie Stoibers nach der verlorenen Kanzlerwahl. Er bestärkte Stoiber in dessen Einschätzung, weiterhin immerwährender Kanzlerkandidat der Union zu sein. Stoibers Terminkalender war voll mit bundespolitischen Terminen. Die Union hatte die Mehrheit im Bundesrat, blockierte aber nicht wie früher die SPD die Regierung Schröder, sondern trieb unter Stoibers Führung Themen und Lösungen voran. Stoiber war der primus inter pares, der Klassensprecher der Ministerpräsidenten. Es gab in Berlin nächtelange Besprechungen und Neumeyer war fast immer dabei. Für beratende größere Mitarbeiterrunden blieb wenig Zeit. Das führte auch zu einer gewissen Entfremdung zwischen Stoiber und seinem Amtschef Schön in München. Der fühlte sich nicht mehr genügend gehört. Es kam zur Lagerbildung in der Staatskanzlei zwischen einem Schön- und einem Neumeyerflügel.

Politiker brauchen gute und kompetente Mitarbeiter. Aber nicht jeder von denen, die da ganz nahe an der Macht sind, ist für seinen jeweiligen Vorgesetzten der Richtige. Der motivierende, treibende Neumeyer war für Stoiber weniger anstrengend als der hinterfragende und eher bremsende Wilhelm. Der forderte Stoiber schon mal zu Rollenspielen auf, um ihn fit zu machen für Auseinandersetzungen mit Schröder und Co. Wilhelm versuchte dabei Stoibers Argumente mit der plakativen Rhetorik von Schröder zu widerlegen. Neumeyer hatte da lieber ein passendes Argumentationspapier parat. Das entsprach in der Tat mehr der Mentalität Stoibers, nutzte ihm aber weniger. Doch Neumeyer gab Stoiber das Gefühl einer Rundumbetreuung und faxte notfalls am Wochenende Papiere nach Wolfratshausen. Neumeyer führte Stoiber selbst in banalen praktischen Dingen. Schön ist die Geschichte von Stoibers Staatsbesuch in Indien, Februar 2004. Auf dem Programm stand auch ein

Ausflug zum Taj Mahal, dem »Kronenpalast« für Mahal, der verstorbenen Hauptfrau eines Großmoguls. Ergriffen stand die Delegation aus Bayern vor dem riesigen Mausoleum. Journalisten befragten Stoiber nach seinen Eindrücken. Er fand den Bau natürlich großartig, fügte dann aber hinzu, rationalistisch wie er war: »aber was für eine Ressourcenverschwendung für eine einzelne Frau«. Der entsetzte Neumeyer flüsterte, für alle hörbar: »Herr Ministerpräsident, Emotionen, ein Symbol der Liebe«, was Stoiber dann brav in die Mikrofone sprach. Genüsslich wird auch aus der Staatskanzlei verbreitet, Neumeyer habe, wenn er mit »dem Chef« bei offiziellen Terminen im Auto saß, Stoiber sogar zugeraunt, »links winken, rechts winken, jetzt nicht mehr winken«.

Die Geschichte zeigt aber, dass viele das Verhältnis Stoiber zu seinem Neumeyer als unheilvoll eng empfanden. Wilhelm musste jedenfalls gehen, weil die Spannungen mit Neumeyer Stoiber störten. Der Abgang wurde als Beförderung hingestellt. Wilhelm wurde 2004 jüngster bayerischer Ministerialdirektor und Amtschef im Wissenschaftsministerium von Thomas Goppel. Als Angela Merkel Kanzlerin wurde, holte sie sich Ende 2005 Ulrich Wilhelm als Regierungssprecher. Sie kannte seine Fähigkeiten und die Hauptstadtjournalisten ebenfalls. Der freundliche Profi Wilhelm ist der ideale Verkäufer der spröden Merkel. Stoiber hat hinterher das Ganze wohl bereut. Als er nach seinem Rücktritt zur Ruhe gekommen war, meinte er zu Wilhelm: »mit Ihnen wäre sicherlich manches anders gelaufen«.

Sehr viele Gesprächspartner inner- und außerhalb der CSU nannten bei Fragen nach den Gründen für Stoibers Niedergang neben seinem Berlin-Rückzieher den Namen Neumeyer. Es sei erstaunlich, wie ein Einzelner so viel Macht über Stoiber gewinnen konnte, lauteten die wohlmeinenden Kommentare. Andere bezeichneten ihn als »Sargnagel Stoibers«, und selbst Bundespolitikern der Union war Stoibers Fixierung auf Neumeyer aufgefallen. Es wurde in Berlin offen darüber gesprochen. Neumeyer saß beispielsweise in der Koalitionsarbeitsgruppe Wirtschaft immer wie eine Art Aufpasser neben Stoiber, obwohl er ja »nur« dessen Sprecher und kein Wirtschaftsfachmann war. Er motivierte Stoiber zu Aussagen wie »wir bringen das Land vorwärts«. Neumeyer soll es auch gewesen sein, der die Botschaft »der Chef mag nicht mehr in Berlin bleiben« als Erster im engsten Kreis streute. Es ist verwunderlich, dass ausgerechnet Stoiber sich so sehr steuern ließ. Er, der gescheite, aber, ähnlich wie Strauß, nicht immer kluge Kopf, hat das wohl selbst nicht so empfunden. Er brauchte begleitende Steuerung in Dingen mit Außenwirkung, und darin lag die Gefahr. Stoiber war »ein an der Sache orientierter, gestaltungswütiger Idealist«, wie ihn ein bayerischer SPD-Spitzenpolitiker respektvoll charakterisierte. Stoiber war aber auch ein Verantwortungsethiker, wie es ein Unions-Ministerpräsident umschrieb, »ein korrekt durchstrukturierer, penibler und humorloser Macher«, ein Politikwütiger. Für Bauchentscheidungen war Stoiber nie zu haben. Anregungen und Vorschläge für mehr Lockerheit im politischen Handeln quittierte er mit skeptisch gerunzelter Stirn. Das war gleichbedeutend mit einem Nein. Er hatte den Kopf voll Fakten und da war kein Platz, um Wirkungen seines Handelns richtig einzuschätzen. Deshalb wohl war er in seinen letzten Jahren so formbar. Er wirkte zunehmend als angestrengter Machtpolitiker und nicht mehr als der geerdete Kämpfer für ein besseres Bayern. Letzteres hatte ihn groß gemacht, seine Veränderungen aber ließen sein Ansehen und damit auch seine Macht schmelzen. Die Tragik eines Mannes, der sich als gereifter Ministerpräsident die richtigen Ziele für Bayern gesetzt hatte.

Kapitel 10

»Wir stehen voll und ganz hinter Edmund Stoiber.« – Königsmord in Kreuth

Die missglückte CSU-Vorstandssitzung vom 18. Dezember 2006 wirkte während der gesamten Weihnachtsferien nach. Die Zeitungen überboten sich in der nachrichtenarmen Zeit mit Spekulationen über die Zukunft des angeschlagenen Ministerpräsidenten. Die CSU-Landtagsabgeordneten bekamen in den Wahlkreisen Unerfreuliches zu hören, die Stimmung wandte sich gegen Stoiber. Nach der Weihnachtspause standen die Kreuther Klausurtagungen an, erst die der CSU-Landesgruppe, dann die der Landtagsfraktion. Es herrschte Unsicherheit in der Partei, die Situation war verfahren. In vielen Telefonaten suchte die CSU-Spitze nach Lösungen. Edmund Stoiber rief das CSU-Präsidium noch vor den Klausurtagungen zusammen. Daraufhin ergriff Landtagspräsident Alois Glück die Initiative. Er hatte als Vorsitzender des mächtigsten CSU-Bezirks Oberbayern und früherer langjähriger Fraktionsvorsitzender immer noch großen Einfluss auf die Partei, wenn auch nicht mehr auf Stoiber. Glück machte Stoiber klar, dass für die Präsidiumssitzung ein Beschluss vorbereitet werden müsse, ansonsten könne die Situation aus dem Ruder laufen. Also entwarf Glück, in enger Absprache mit Stoiber, einen Vorschlag für das weitere Vorgehen. Es sollte eine Vertrauenserklärung werden und die Botschaft, mit ihm über die Landtagswahl 2008 hinaus Politik zu machen. Diese Erklärung wurde im Vorfeld auch mit allen anderen CSU-Bezirksvorsitzenden abgestimmt. Die meldeten zwar Zweifel an, ließen sich aber überreden, in den sauren Apfel zu beißen. Es gehe jetzt darum, die Partei zusammenzuhalten, lautete das Totschlagargument. Nur so könne die CSU die Entwicklung der nächsten Wochen steuern. Diese Erklärung wurde am Montag, dem 8. Januar 2007, zur Mittagsstunde vom CSU-Präsidium verabschiedet. Ein denkwürdiges Papier, das, damals wie heute, nachgerade lächerlich wirkt, angesichts der Ereignisse, die genau eine Woche später in Kreuth ihren Lauf nahmen.

Beschluss des CSU-Präsidiums:

1. Die CSU startet mit einem klaren Signal der Geschlossenheit in das neue Jahr 2007. Edmund Stoiber ist und bleibt die Nummer eins in unserer Partei und in Bayern. Der Parteivorsitzende hat die volle Rückendeckung für die wichtigsten inhaltlichen Entscheidungen, die die CSU in der Verantwortung als Regierungspartei in München und in Berlin in diesem Jahr zu treffen hat. Das wird sich auch bei den Klausurtagungen der Landesgruppe und der Landtagsfraktion in Kreuth zeigen.

2. Das Präsidium lehnt die in die Diskussion gebrachte Änderung der CSU- Satzung für eine Mitgliederbefragung ab. Im Übrigen hat die CSU für die politische Meinungsbildung ein sehr breit angelegtes Delegiertensystem, weit mehr als alle anderen Volksparteien. Nicht Mandatsträger, sondern die Delegierten aus den Orts- und Kreisverbänden stellen die große Mehrheit auf Bezirks- und Landesparteitagen. Dieses basis-bezogene Delegierten- und Entscheidungssystem gewährleistet die Verankerung im Meinungsbild der Partei und die Handlungsfähigkeit der Partei.

3. Das CSU-Präsidium begrüßt, dass wegen des Telefonats eines Mitarbeiters rasch die notwendigen Konsequenzen gezogen wurden.

Damit hat der Ministerpräsident und Parteivorsitzende deutlich gemacht, dass es keine Zweifel über Regeln und Grenzen des innerparteilichen Umgangs miteinander geben darf.

4. Das CSU-Präsidium wird mit dem Parteivorsitzenden und Ministerpräsidenten Edmund Stoiber die erfolgreiche Politik für Bayern über 2008 hinaus fortsetzen. Bayern hat mit Ministerpräsident Stoiber an der Spitze in der Vergangenheit große Erfolge erzielt und wird dies auch in Zukunft erreichen. Bayern ist dank der hervorragenden Arbeit der Regierung Stoiber und der CSU-Fraktion im

Bayerischen Landtag in vielen Bereichen die Nummer eins in Deutschland. Diese hervorragende Arbeit soll fortgesetzt werden.

Selten hat sich ein CSU-Präsidium so verbogen wie mit dieser Erklärung. Sie war ein Zeichen der Hilflosigkeit angesichts des Unmuts über Stoiber, der von der Basis gemeldet wurde. Stoiber durfte nach der Sitzung und dem einstimmigen Beschluss, der rückwirkend wie ein Judaskuss wirkt, zufrieden vor die Presse treten. Da sei »ein Auftrag zum Weitermachen« und er sei »bereit, dem einstimmigen Votum des CSU-Präsidiums gerecht zu werden«. Es war eine Verdrehung der Stimmung in der Partei, Glück schmierte zusätzlich Honig darauf und sprach von »menschlicher und politischer Loyalität mit dem Parteivorsitzenden«. Dieses »Signal der Geschlossenheit« war aber in Wirklichkeit das Gegenteil. Denn Glück hatte bereits zwei Tage vor der inszenierten Solidaritätserklärung mit Stoiber in Zeitungen dessen dramatischen Ansehensverlust bei Umfragen mit einem »gewissen Abnutzungseffekt« erklärt. Mehr noch, er warnte Stoiber ausdrücklich davor, den Zeitpunkt für einen Wechsel an der Spitze zu übersehen, ansonsten würde dieser erzwungen. Das waren eine überraschend deutliche Warnung und ein Appell an das Selbstbewusstsein der Partei. Die hörte das wohl und reagierte eine Woche später. Glück wusste natürlich, dass der Autoritätsverlust Stoiber mit diesem zwanghaften Präsidiumsbeschluss nicht gestoppt werden konnte. Auch Stoiber konnte sich durch so etwas nicht bestätigt fühlen. Dennoch lief er in der dritten Januarwoche bei der Kreuther Klausur der Landtags-CSU in die offenen Messer der Regierungsfraktion. Deren Vorsitzender Joachim Herrmann wusste sehr wohl, dass diese gezückt würden. Und er fachte die Stimmung mit der Forderung »nichts soll unterdrückt werden« an. Damit gab Herrmann das Signal zur Generalabrechnung oder, wie Stoibers Leute noch heute meinen, zum Jagen. Herrmann hatte noch zu Jahresbeginn an die Abgeordneten geschrieben, es gehe darum, Stoiber in Kreuth als Spitzenkandidat für die Landtagswahl 2008 zu nominieren. Dann aber kündigte er die offene Aussprache an und ließ die Diskussion bis zum bitteren Ende laufen.

In Kreuth brach sich die Wahrheit Bahn. Zuerst stand in der zweiten Januarwoche 2007 die Tagung der CSU-Landesgruppe im Bundestag an. CSU-Chef Stoiber war natürlich mit dabei. Wie immer gab es auch einen internationalen Gast, diesmal den englischen Oppositionsführer David Cameron von den Konservativen. Hinterher war eine gemeinsame Pressekonferenz mit Stoiber angesetzt. Die europapolitischen Themen interessierten die Journalisten kaum, sie wollten wissen, wie es mit dem bayerischen Ministerpräsidenten weitergehe. Auf die Frage, wie lange er denn dann noch regieren wolle, wenn er bei der Landtagswahl 2008 nochmals antrete, antwortete Stoiber ohne Nachdenken: »Die mich kennen, wissen, ich mache keine halben Sachen.« Ein Satz, der seine Sprengkraft erst mit Verzögerung freisetzte.

Die Presseagenturen interpretierten diese Bemerkung erst nach und nach in eine gefährliche Richtung. Stoiber denke offenbar nicht daran, in absehbarer Zeit seine Nachfolge zu regeln und vor 2013 einen Wechsel an der CSU-Spitze herbeizuführen. Diese Bewertung stand fast zwei Tage lang unkommentiert im Raum. Es gab keine sofortige Stellungnahme Stoibers. Die Folge, alle Medien interpretierten die Aussage in die gleiche Richtung, Stoiber wolle auf alle Fälle bis 2013 weiterregieren. Die Wirkung war verheerend. »Den bekommen wir nicht mehr los«, war das vorherrschende Gefühl in Kreuth. Der verkrampfte Beschluss des CSU-Präsidiums vom 8. Januar 2007 war ja intern auch als Einstieg in den Ausstieg des Edmund Stoiber verkauft worden. Die Devise lautete, zuerst einmal die CSU in ruhigeres Fahrwasser bringen, dann mit Stoiber in die Landtagswahl 2008 und anschließend, noch während der fünfjährigen Legislaturperiode, einen geordneten Übergang einleiten. Diese Geschäftsgrundlage war jetzt plötzlich weggebrochen. Damit fühlten sich all diejenigen bestätigt, die sowieso nicht daran geglaubt hatten, dass Edmund Stoiber von sich aus einen Wechsel einleiten würde. Der Beschluss des Präsidiums war Makulatur. Da nutzte es auch nichts, dass nach zwei Tagen Stoiber in einem dpa-Gespräch andeutete, er werde bei einer Wiederwahl 2008 möglicherweise doch nicht die gesamte Amtszeit bis 2013 regieren. »Ich kenne doch meine Verantwortung für Bayern und die CSU und danach werde ich immer handeln«, versuchte er zu beruhigen.

Stoiber unterließ es bewusst, zwei Ankündigungen zu wiederholen, die er Ende 2006 bei der Weihnachtsfeier mit seiner CSU-Fraktion und bei einem Jahresabschlussempfang für die Landtagspresse gemacht hatte. Da sprach er ganz unvermittelt davon, dass »seine letzte Etappe angebrochen« sei und er einen »Generationswechsel, eine Verjüngung der Spitze« herbeiführen wolle. Auch in Zeitungsinterviews platzierte er das Thema, ohne genauer zu werden. Er hätte aber spätestens nach der Aufregung über seine Kreuther Bemerkung bei der CSU-Landesgruppe etwas deutlicher werden müssen. Wäre Stoiber in die Offensive gegangen und hätte seiner Partei mehr über seine Pläne für einen geordneten Machtwechsel verraten, hätte er vielen Gegnern den Wind aus den Segeln genommen. Das aber wollte er nicht, er befürchtete mit einer angekündigten Amtsübergabe zur lame duck zu werden.

Stoiber musste auch annehmen, die aufgebrachte CSU-Regierungsfraktion würde dann einen Machtwechsel vor 2008 fordern. Er wusste Bescheid über seine geschwächte Stellung, gut war ihm noch die gefährliche Generalabrechnung in der Fraktion in Erinnerung, damals, im November 2005, nach seiner Flucht aus Berlin. Stoiber wurde natürlich hinterbracht, was intern über ihn gesprochen wurde und dass sich Widerstandstruppen der CSU-Landtagsfraktion zu formieren begannen. Komisch wirkte da die Aktion von sechs jungen CSU-Abgeordneten, die auf der Zugspitze ein Plakat entrollten mit der Aufschrift »Bayerns Spitze: Edmund Stoiber 2008«. Als nur noch spaßig wurde auch die Bemerkung von Peter Ramsauer aufgefasst, der im Beisein Stoibers markig verkündete: »Wir stehen voll und ganz hinter Edmund Stoiber, wenn von hinten geschossen wird. Wir stehen vor ihm, wenn von vorne geschossen wird, und wir stehen um ihn herum, wenn von allen Seiten geschossen wird, wie derzeit.« Geglaubt hat das, wenn überhaupt, nur noch Stoiber selbst. Doch sein Lachen darüber wirkte gekünstelt.

Der Druck im CSU-Kessel stieg weiter. Beim festlichen Neujahrsempfang des Ministerpräsidenten in der Münchner Residenz gab es vier Tage vor den entscheidenden Kreuther Tagen und Nächten nur ein Thema: Übersteht Stoiber die Krise? Er selbst nahm den Ball auf und meinte in seiner Ansprache mit erzwungener Lockerheit: »Ich weiß, dass ich im Feuer stehe ... wer in der Küche arbeitet, muss auch die Hitze vertragen. Aber ich will schon was tun, dass es wieder abkühlt.« Das war's. Weiterhin also nur vage Andeutungen und nichts Konkretes darüber, wie es weitergehen soll. Die vielen Journalisten unter den zweitausend Gästen bestürmten die anwesenden Politiker, die Lage zu bewerten. Die meisten versuchten sich noch hinter der Solidaritätserklärung des Parteipräsidiums zu verschanzen. Doch Tonfall und Mienen sprachen Bände. Plötzlich waberte das Gerücht durch die Residenz, es gebe Absprachen für einen Putsch gegen Stoiber. Wirtschaftsminister Erwin Huber und Innenminister Günther Beckstein wurden als Drahtzieher genannt. Diese dementierten sofort. Verzweifelt versuchte Stoiber Herr des Verfahrens zu werden.

Er bestellte noch vor der entscheidenden Kreuther Klausur Landtagspräsident Glück und Fraktionschef Herrmann ein. Er wollte wissen, ob es Bestrebungen gebe, ihn in Kreuth zu stürzen. Von Glück soll angeblich schon aus dem Sommer 2006 das interne Zitat zur Zukunft Stoibers stammen: »Kreuth im Januar 2007 ist die letzte Ausfahrt, wo wir ihn loswerden wollen.« Glück bestreitet das. »Dichtung und Wahrheit sind aber auch im Nachhinein schwer zu unterscheiden. Auch mit Barbara Stamm telefonierte Stoiber in diesen dramatischen Januartagen und stellte sie zur Rede. Die frühere Sozialministerin galt auch als Stoiberopfer, weil er die damals noch für Veterinärmedizin zuständige Sozial- und Gesundheitsministerin 2001 wegen der BSE-Krise zum Rücktritt gedrängt hatte. Die populäre stellvertretende Parteivorsitzende und Landtagsvizepräsidentin war seitdem immer wieder öffentlich und intern gegen Stoiber aufgestanden, wenn es einsame Beschlüsse der Staatskanzlei gab, die den Unmut der Abgeordneten hervorriefen. Stoiber vermutete in Stamm eine Anführerin der »Frankenmafia« gegen den Münchner Zentralismus. Auch Glück hatte das Misstrauen Stoibers erregt, weil er die von ihm organisierte Solidaritätserklärung des Parteipräsidiums dann wieder relativiert hatte, mit seiner Warnung, Stoiber dürfe den Zeitpunkt des Wechsels nicht übersehen.

Bei Fraktionschef Herrmann wiederum hatte Stoiber das Gefühl, der säge heimlich an seinem Stuhl. Herrmann vertrat die Ansicht, es sei besser, etwas auszudiskutieren als Unmut zu unterdrücken. Das galt auch für die anstehende Kreuther Klausurtagung. Ein erzwungener Friede hätte keine 48 Stunden gehalten, da waren sich die Abgeordneten einig. Als Herrmann wenige Stunden vor dem Auftakt der Klausursitzung bei Stoiber war, erklärte er anschließend, es sei ein gutes Gespräch gewesen. Journalisten bezweifelten dies und wollten wissen, wie Stoiber auf all die parteinterne Kritik reagiert habe, da presste Herrmann abseits der Mikrofone kaum hörbar die Wahrheit hervor: »Es ist, als ob man gegen eine Wand redet.« Das also waren die Vorzeichen, die jene dramatischen Kreuther Tage prägten, an deren Ende am 18. Januar die Rücktrittserklärung von Edmund Stoiber stand.

Edmund Stoiber hat diese Kreuther Tage oft analysiert. Auch seine engen Mitarbeiter trugen nach dem Rücktritt alle Fakten zusammen und entwickelten eine Putsch-Theorie. Das Aus für Stoiber sei von langer Hand geplant gewesen. Hauptakteure Günther Beckstein und Alois Glück. Erwin Huber dagegen habe sich zuerst weitgehend passiv verhalten, dann aber zugegriffen, als sich ihm die Chance auf eines der Spitzenämter bot. Die drei beschuldigten »Königsmörder« schütteln den Kopf, wenn sie darauf angesprochen werden. Stoiber sei zurückgetreten und nicht zurückgetreten worden. Er selbst habe diesen Entschluss ohne Absprache mit der Führungsspitze gefasst, weil er spürte, dass ihm die CSU-Landtagsfraktion und die Partei nicht mehr jenes Vertrauen entgegenbrachten, das er gebraucht hätte, um weiterregieren zu können. Die Wahrheit rund um die treibenden Kräfte für Stoibers Rücktritt dürfte in der Mitte liegen. Denn natürlich war Beckstein, Huber, Glück und Herrmann bewusst, dass ein Festhalten an Stoiber die CSU in eine schwierige Lage bringen würde. Es gab Umfragen, in denen zwei Drittel der Bayern dagegen waren, dass Stoiber 2008 noch einmal antritt. Meist gewünschter Nachfolger war Beckstein, gefolgt von Seehofer. Aber es tat sich vor Kreuth keine Viererbande gegen Stoiber zusammen, sondern es herrschte eher Ratlosigkeit, wie denn dieser davon zu überzeugen sei, dass er besser schon 2008 einem Nachfolger den Vortritt lassen solle.

Stoiber aber glaubt bis heute an eine organisierte Aktion. Beckstein und Glück seien aufgeschreckt worden durch seine Ankündigung, er selbst werde einen Generationswechsel einleiten. Doch den Verlauf dieser letzten Etappe hat er ja nie erklärt. Erst hinterher lässt sich jetzt aus Andeutungen heraushören, dass Stoiber wohl zwischen 2009 und 2010 vorhatte, eine Ämterübergabe einzuleiten. Als CSU-Vorsitzenden sah er Horst Seehofer, als Ministerpräsidenten, mit Einschränkungen, Herrmann. Stoiber hatte immer noch die Hoffnung, dass er vielleicht doch bis 2013 Regierungschef bleiben könne. Jede dieser Varianten hätte aber bedeutet, dass Beckstein und wohl auch Huber übersprungen worden wären, zugunsten eines Nachfolgers aus der Generation der 50-Jährigen. Beckstein habe seine Felle erneut davonschwimmen sehen, nachdem er wegen Stoibers Rückkehr aus Berlin seine Ministerpräsidententräume begraben musste. Deshalb habe Beckstein angefangen, von Franken aus den Widerstand gegen Stoiber zu organisieren und sei mit dem festen Willen nach Kreuth gefahren, Ministerpräsident zu werden. Landtagspräsident Glück habe im Hintergrund die Strippen gezogen. Glück habe Stoiber nicht zugetraut, die CSU in die nächsten Wahlen zu führen und habe es für gefährlich gehalten, den populären Beckstein zu übergehen. Außerdem, so wird in Stoiberkreisen geraunt, habe Glück eine späte Gelegenheit gesehen, sich an Stoiber zu rächen, weil der ihn 1990 bei der Wahl zum stellvertretenden CSU-Vorsitzenden ausgetrickst habe. Eine alte Geschichte, die tatsächlich zu Verletzungen geführt hatte und ein Licht auf Stoibers Rücksichtslosigkeit warf. Aus Stoibers Kreisen wird noch heute gestreut, Glück hätte Stoiber angedroht, »das werde er noch büßen«. Glück weist das empört zurück.

Ein weiterer Aspekt fügt sich nicht in das von Stoibers Umgebung entworfene Szenario. Geeignete jüngere Kandidaten waren 2007 nicht in Sicht. Als Beckstein und Huber sich abgesprochen hatten, für den Fall der Fälle ihre alte Rivalität zu begraben und Stoibers

Ämter unter sich aufzuteilen, hätte nur der 50-jährige Joachim Herrmann eine Alternative für den Ministerpräsidentenposten dargestellt. Beckstein hat ihn am Ende der dramatischen Kreuther Tage, noch vor Stoibers Rücktrittserklärung, gefragt, ob er sich nicht zum Ministerpräsidenten berufen fühle. Hätte Herrmann Ja gesagt, wäre Beckstein zugunsten eines Generationswechsels zurückgestanden. Doch Herrmann traute sich die Aufgabe damals noch nicht zu. Das war eine realistische Selbsteinschätzung. Er hatte sich im Fraktionsvorsitz zwar als Organisator und Moderator bewährt, aber konsequente Führungskompetenz vermissen lassen.

Stoiber sieht rückblickend in den Reaktionen von Beckstein und Huber auf seine Rücktrittserklärung ein weiteres, angeblich sicheres Indiz dafür, dass die beiden geplant hatten, ihn in Kreuth aus dem Amt zu drängen. Beide erzählen immer, dass sie erst kurz vor Stoibers Rücktrittserklärung am 18. Januar 2008, gegen Mittag, per Anruf von ihm darüber informiert wurden. Da sei das Ganze schon eine beschlossene Sache gewesen, Stoiber habe sie also am Telefon mit der vollendeten Tatsache konfrontiert. Stoiber wiederum stellt das anders dar. Er sei aus allen Wolken gefallen, als er an jenem Donnerstagmorgen in der Münchner »Abendzeitung« die Schlagzeile las, Beckstein und Huber hätten sich auf die Stoibernachfolge geeinigt und offen gegen ihn geputscht. Daraufhin habe er beide angerufen und sie gefragt, ob das stimme. Sie hätten das energisch bestritten und den Bericht als »Blödsinn« und »Unsinn« zurückgewiesen. Deshalb, so Stoiber, habe er von ihnen ein Dementi gefordert. Als dies auch nach Stunden nicht eintraf, beriet sich er sich mit Finanzminister Kurt Faltlhauser und auch mit seinen engsten Mitarbeitern, einschließlich Neumeyer. Die übereinstimmende Meinung am Ende dieser Gespräche war, es ergebe keinen Sinn mehr weiterzukämpfen. Anschließend telefonierte Stoiber noch mit seiner Frau, die seine Rücktrittsabsichten ausdrücklich bestärkte. So wird das heute von den Beteiligten in der Staatskanzlei geschildert. Daraufhin wurde an jenem 18. Januar 2007 kurzfristig für 14 Uhr eine Pressekonferenz angekündigt. Große Hektik, in Windeseile fuhren die Übertragungswagen auf. Der Bayerische Ministerpräsident erschien ungewöhnlich pünktlich und verlas seine Rücktrittserklärung. Er werde sein Amt zum 30. September abgeben. Fragen waren nicht zugelassen. Erhobenen Hauptes eilte Stoiber aus dem Saal. Dabei übersah er einen Stuhl und stolperte. Das lieferte doch noch die passenden Bilder zu einem gespenstisch kurzen Auftritt.

Als die CSU-Landtagsabgeordneten nach Kreuth reisten, hatten sie frisch geschliffene Klingen im Gepäck. Während der Weihnachtspause waren sie in den heimatlichen Wahlkreisen unterwegs. Überall wurden sie angesprochen auf das gesunkene Ansehen Stoibers. »Mit dem braucht ihr 2008 nicht mehr zu kommen«, schilderte ein Abgeordneter die vorherrschende Meinung. Umfragen bestätigten das seit Monaten. Im Herbst 2006 lag die Partei bei 55 Prozent, Stoiber fand aber nur noch 40 Prozent Zustimmung bei der Bevölkerung. Im Januar 2007 hielt sich die CSU zwar immer noch bei 50 Prozent, doch Stoibers Beliebtheit war im Keller. Die Fürther CSU-Landrätin Pauli hatte es in den Augen vieler auf den Punkt gebracht, als sie unermüdlich forderte, Stoiber solle spätestens 2008 den Weg frei machen für einen Nachfolger. Die »Spitzel-Affäre« machte sie zur verfolgten Heldin. »Jetzt hat der Stoiber schon so was nötig,« schimpften die Leute, und die verunsicherten CSU-Mandatsträger bekamen die Wut der Wähler zu spüren. Parteiaustritte nahmen zu. Mancher Landtagsabgeordnete bangte, über eineinhalb Jahre vor der Landtagswahl, schon um seine Wiederwahl.

Das Maß war voll, aktuelle Ereignisse und negativen Erfahrungen seit 2003 summierten sich. Der grandiose Wahlsieg hatte Stoiber letztlich der Basis entfremdet. Fehler häuften sich. Er regierte über die Köpfe der Abgeordneten hinweg, peitschte seine Vorhaben durch und bescherte der CSU noch die Berlin-Blamage. Eine Abgeordnete, lange Stoiberfan, sagte, sie habe erst vor Kurzem begriffen, was Stoiber damit selbst bei seinen treuesten Verehrern ausgelöst hat. Bei den Bayerischen Gebirgsschützen, die Stoiber schon früh zum Ehrenhauptmann ernannt hatten, schimpften sie in ihrem Beisein auf Stoiber. Der habe sich in Berlin gedrückt, als er Widerstand spürte, »das sei eine Blamage für einen Gebirgsschützen«. Als unstatthafte Feigheit vor dem Feinde wurde das gewertet.

All das bewegte die Landtagsabgeordneten, als zuerst im Fraktionsvorstand und einen Tag später mit der Gesamtfraktion bis in die Nacht hinein diskutiert wurde. Die stundenlangen Diskussionen in Kreuth blieben trotz einiger emotionaler Beiträge bemüht sachlich. Aber die Abgeordneten kehrten auch nichts unter den Teppich. Ausführlich berichteten Vertreter aus allen Regionen über die außerordentlich kritische Stimmung in Partei und Bevölkerung. Es waren nicht nur die angeblichen »Beckstein-Truppen« aus Franken, die da Klartext redeten. Auch aus Oberbayern kam Kritik. So war das im Fraktionsvorstand am Montag und so setzte sich das in der Gesamtfraktion fort.

Die Abgeordneten hatten schon während der Anreise den Medien entnommen, wie kritisch ihr Fraktionsvorstand mit Stoiber ins Gericht gegangen war. Das hatte sich zwar hinter verschlossenen Türen abgespielt, doch diese Kreuther Januarklausur war so »undicht« wie noch keine zuvor. Journalisten belagerten die Türen, es lag ja seit Wochen Revolution in der Luft. Ständig drangen Wasserstandsmeldungen nach draußen, mal hieß es, die Stimmung sei für, mal gegen Stoiber. Im Fraktionsvorstand hatte sich Stoiber schon lange verteidigt, von großen Belastungen und schweren Aufgaben gesprochen und sein Bemühen in den Vordergrund gestellt, für das Wohl Bayerns und der CSU zu wirken. Doch die skeptischen Vorstandsmitglieder konnten nicht überzeugt werden. Sie sagten ihm mehr oder weniger deutlich ins Gesicht, dass die Art, wie er seine persönlichen politischen Ziele durchsetze, von der Partei nicht mehr hingenommen werde. Zudem war die Erwartungshaltung groß, endlich eine Lösung der Krise zu finden. Die CSU-Volksvertreter waren mehrheitlich mit dem Vorsatz nach Kreuth gereist, es müsse sich was ändern, was passieren, so wie bisher könne es nicht weitergehen. Stoiber merkte, dass er die Stimmung nicht mehr umdrehen konnte. Er verlor mehrfach seine Behrrschung: »ihr bringt mich nicht weg, wer soll es denn machen außer mir?«. Aus der Summe der Wortmeldungen war eine klare Mehrheit gegen ihn zu erkennen. Da baute er überraschend eine Brücke und gebrauchte eine Formulierung, die einen Ausweg aus der verfahrenen Lage hätte eröffnen können. »Ich möchte es noch mal machen, ich muss aber nicht.« Damit rückte ein Ausstieg Stoibers in den Bereich des Möglichen.

Noch während der Sitzung wurde diese Äußerung von Stoibers Pressereferenten in vertraulichen Gesprächen unter den wartenden Journalisten verbreitet. Übrigens sehr zum Erstaunen der Fraktionsführung, die noch um Formulierungen rang, wie dieser Ausweg verkauft werden könnte. Es war nicht einfach, einen Text für eine öffentliche Erklärung zu finden, der von einer Mehrheit der Fraktion getragen wurde. Viele hatten den Eindruck, Stoiber habe den Ernst der Lage nicht erkannt, er unterdrückte offensichtlich nur mühsam seine Wut. Die Fraktion wollte zwar gemeinsame CSU-Ziele nicht infrage stellen, aber reihte sich nicht mehr in früherer Disziplin hinter Stoiber ein. »Edmund, mit dir gewinnen wir die

Wahl nicht mehr«, musste er sich ins Gesicht sagen lassen. Er merkte das waren längst keine Einzelmeinungen mehr. Es bedurfte einiger beschwörender Appelle führender CSU-Politiker, um die Abgeordneten doch noch zur Zustimmung zum Einigungstext von Kreuth zu bewegen. Darüber wurde dann aber wohlweislich nicht formal abgestimmt, es widersprach aber auch niemand. Ein trügerisches Zeichen, wie sich zeigen sollte. Dabei war die Erklärung karg und nur noch ein Minimalkonsens: »Die CSU-Landtagsfraktion spricht unserem Ministerpräsidenten das Vertrauen aus. Sie steht zu Edmund Stoiber und der von ihm verantworteten, überaus erfolgreichen und zukunftsweisenden Politik. Die Frage der Spitzenkandidatur zur Landtagswahl 2008 ist offen. Hierüber entscheidet der CSU-Parteitag im September 2007. Diese Parteitagsentscheidung wird vom Ministerpräsidenten in Gesprächen mit den Spitzen von Partei und Fraktion rechtzeitig vorbereitet werden.«

Dies sollte auf einer improvisierten nächtlichen Pressekonferenz bekannt gegeben werden. Fraktionschef Herrmann war am Mittwoch um 0:50 Uhr bei den Journalisten und wartete auf Stoiber. Dann überbrachte plötzlich einer seiner Mitarbeiter die Botschaft, der Ministerpräsident werde an dieser Pressekonferenz doch nicht teilnehmen. Großes Erstaunen. Der sichtlich verwunderte Herrmann verlas die Erklärung und fügte hinzu, Ziel der folgenden Gespräche sei es, für die Nominierung des Ministerpräsidentenkandidaten im Herbst beim Parteitag eine Kampfabstimmung zu vermeiden und einen Konsens zu finden. Eine durchaus erstaunliche Formulierung, deutete doch Herrmann damit an, dass es nach den Kreuther Diskussion durchaus denkbar schien, dass Stoiber mit einem Gegenkandidaten rechnen müsste, falls er noch mal antrete. Das war aber auch ein Signal an Beckstein und Huber, sich nicht noch einmal in einen Wettbewerb zu begeben wie 2005. Damals hatte ja der Kandidatenstreit zwischen dem Franken und dem Niederbayern die Fraktion in ihrer Einheit schwer belastet. Fast eine Dreiviertelstunde nach dem Fraktionsvorsitzenden gab um 1:30 Uhr Stoiber eine kurze Erklärung ab. Er wiederholte seinen Standpunkt, dass er 2008 gerne erneut als Ministerpräsident antreten wolle, aber er müsse dies nicht. Er kenne seine Verantwortung und werde die Entscheidung sachlich und personell gut vorbereiten. Überraschend erwähnte er auch noch den stellvertretenden CSU-Vorsitzenden Horst Seehofer, der für »höchste Ämter prädestiniert« sei. Stoiber entschuldigte sich noch, dass er in den letzten Tagen den Journalisten gegenüber sehr wortkarg gewesen sei, ließ aber auch diesmal keine Fragen zu. Dann stieg er in sein Auto und brauste davon, heim nach Wolfratshausen.

Sein Verhalten nach der scheinbaren Einigung war ein kapitaler Fehler Stoibers. Es ist unverständlich, wie der Ministerpräsident einen gemeinsamen Auftritt mit dem Fraktionsvorsitzenden verweigern konnte, damit verärgerte er die Landtagsabgeordneten massiv, er zeigte sich uneinsichtig und stellte die junge Vereinbarung infrage.

Stoiber hatte sich ins Abseits manövriert, gerade dann, als er um Rückhalt der Fraktion hätte kämpfen müssen. Entsprechend geladen waren viele. »Das stehen wir doch nicht durch«, war die Mehrheitsmeinung, und es fehlte das Zutrauen, dass Stoiber hinter seinem »ich will, muss aber nicht« wirklich stehe. Offen wurde die Vermutung geäußert, Stoiber und seine »Staatskanzleimannen« könnten wieder mal nur taktieren und hoffen, dass bis zum Parteitag im September sich die Lage beruhigt habe, Kreuther Unruhen und Pauli-Affäre vergessen seien. Es ist leider auch zu vermuten, dass Stoibers Entscheidung, nicht mit Fraktionschef Herrmann vor die Presse zu treten, von schlechten Ratgebern beeinflusst war.

SPD und Grüne im Bayerischen Landtag hatten zu Jahresbeginn 2007 angekündigt, sie wollten ein Volksbegehren starten und damit einen Volksentscheid beantragen über die sofortige Auflösung des Parlaments und Neuwahlen. Ziel war, die CSU als unfähig hinzustellen, trotz der offenen Unzufriedenheit mit Stoiber, selbst den Machtwechsel herbeizuführen. Die notwendigen 25 000 Unterschriften für das Volksbegehren wären schnell beieinander gewesen. Die dann anlaufende Vorbereitung für den Volksentscheid über die Regierung Stoiber hätte fatale Signale ausgesandt. Regierungskrise, eine kraft- und mutlose CSU, ein halsstarriger Stoiber, und all das vor dem Hintergrund schlechter Umfragewerte. Bis der Volksentscheid im Herbst stattgefunden hätte, wäre die CSU monatelang von Diskussionen und Kampagnen belastet gewesen. Eine Partei mit Zwei-Drittel-Mehrheit, die ihre Probleme nicht lösen kann, weshalb das Volk vorzeitige Neuwahlen herbeiführen soll. Eine bedrohliche Vorstellung. So weit hätte es die CSU nie kommen lassen und dann wohl Stoiber über kurz oder lang das Vertrauen entzogen. Stoiber wäre offen aus dem Amt gejagt worden. Das hätte aber wieder jenen Teil der CSU-Wähler verstimmt, die Stoiber wegen seiner unbestreitbaren Leistungen gern weiterhin an der Spitze Bayerns gesehen hätten. Die Auswirkungen auf das Ansehen einer neuen CSU-Führung wären negativ gewesen. Es gab sogar schon den Vergleich mit der Situation in Rheinland-Pfalz. Dort hatte 1988 die CDU den beliebten, aber biederen und angeblich wenig veränderungswilligen Bernhard Vogel aus dem Ministerpräsidentenamt und dem Parteivorsitz hinausgedrängt. Keine drei Jahre später wurde die dortige CDU dafür mit dem Verlust der Regierungsmehrheit bestraft.

Vor diesem Hintergrund bedrängten am Mittwoch, nach der turbulenten Nachtsitzung und einen Tag vor Stoibers Rücktrittserklärung, verschiedene Abgeordnete Günther Beckstein und Erwin Huber. Wie sie sich denn die Zukunft vorstellen würden? Sie beide hätten doch 2005 schon einmal signalisiert, dass sie sich das Ministerpräsidentenamt zutrauen würden. Eine Kampfkandidatur dürfe sich nicht mehr wiederholen. Das dominierte die Gespräche am Tag drei. Beckstein und Huber hatten da längst die Initiative ergriffen. Noch in der Nacht von Dienstag auf Mittwoch, also während der turbulenten Diskussionen mit Stoiber, zogen sich die beiden zurück und besprachen sich. Das Vieraugengespräch war auch eine Reaktion auf Stoibers wiederholte Andeutungen, es gebe doch niemanden, der als Ministerpräsident zur Verfügung stehe, ohne dass ein neuerlicher Machtkampf in der Fraktion ausbreche. Da fühlten sich Beckstein und Huber bei ihrer Verantwortung gepackt und begruben ihr Kriegsbeil. Für den Fall der Fälle waren die beiden bereit, hätten aber von sich aus keinen offenen Aufstand angezettelt.

Beckstein verbreitete zur Sicherheit sogar noch, dass Stoiber selbst nach der turbulenten Nachtsitzung beiläufig zu ihm gesagt habe, »ja, dann redet halt mal miteinander«. Stoiber bestreitet das, er habe zu Beckstein nur gemeint, »wir müssen mal darüber reden wegen der Weiterentwicklung auch mit dem Volksbegehren«. Beckstein und Huber aber sahen sich dadurch in ihrem Tun bestätigt. Beide beteuern aber bis heute, sie seien mit keinerlei Putschgedanken nach Kreuth gereist. Beckstein hatte zwar immer von einer schwierigen Situation gesprochen, die es aufzulösen gelte, erklärte aber ausdrücklich, für Intrigen stehe er nicht zur Verfügung. Allerdings gibt es von Beckstein im Zusammenhang mit Stoibers Zukunft auch den Ausspruch »Stützen oder Stürzen«. 2005 hatte er Stoiber noch gestützt, obwohl dieser Becksteins Ministerpräsidententräume jäh zerstört hatte. In Kreuth hatte Beckstein dann aber wohl doch das Gefühl, Stoiber sei nicht mehr zu stützen. Aber beim Stürzen wollte er nicht der Erste sein. Huber wiederum glaubte vor Kreuth noch, es sei mit Stoiber zu schaffen. Dann wurde er, auch von seinen niederbayerischen Parteifreunden, vom Gegenteil überzeugt. Auf jeden Fall verteilten die beiden einstigen Rivalen das Fell des Bären unter sich, bevor dieser endgültig erlegt war.

Natürlich blieb das Gespräch Beckstein-Huber in Kreuth nicht geheim. Viele Abgeordnete waren erleichtert, als sie erfuhren, die beiden hätten sich geeinigt, Ministerpräsidentenamt und CSU-Vorsitz unter sich aufzuteilen, falls eine Stoibernachfolge spruchreif würde. Als Beckstein am Mittwochabend mit Franken zusammensaß, feixten einige, es werde nicht lange dauern, dann würden auch ausgewiesene Stoiberfans an den Tisch kommen und sich schon mal sicherheitshalber bei Beckstein »anwanzen«. Genauso war es. Unter großem Gelächter wurde sogar eine Liste erstellt, wer plötzlich die Nähe zu Beckstein suchte. Ein Abgeordneter telefonierte wohl mit der Münchner »Abendzeitung« und berichtete vom vielsagenden Friedensschluss zwischen Beckstein und Huber. Daraus wurde dann am Donnerstagmorgen die Schlagzeile mit der Botschaft »Putsch gegen Stoiber«.

In Kreuth reagierten Partei- und Fraktionsspitze in Abwesenheit Stoibers aufgescheucht und dementierten. »Reine Spekulation«, lautete die Sprachregelung, es gebe keine Entscheidung, Parteichef Stoiber werde am kommenden Montag im CSU-Vorstand einen Fahrplan zur Lösung der Krise vorstellen. Auch Beckstein dementierte, Huber dagegen entzog sich den Journalisten, und Landtagspräsident Glück reagierte ärgerlich, »alles was von irgendwelchen Schwätzern kolportiert wird, ist falsch und verheerend«. Doch die »Schwätzer«, nämlich zahlreiche CSU-Landtagsabgeordnete, bestätigten und begrüßten die Nachfolgeregelung und sprachen von einem Glücksfall für Partei und Fraktion. Die Geschichte war nicht mehr umzubiegen. Deshalb setzten sich am Donnerstagvormittag Beckstein, Huber, Glück und Herrmann zusammen. In diese Runde telefonierte dann Stoiber hinein und verlangte nach Beckstein. Es wurde vereinbart, die Geschichte zu dementieren. Die CSU-Landesleitung solle eine entsprechende Presseerklärung herausgeben. Dazu kam es aber nicht mehr, weil um die Mittagsstunde Stoiber Beckstein, Huber und Herrmann kurz und knapp per Telefon von seinem Rücktritt informierte.

Später verbreiteten Stoibers Strategen eine Dolchstoßlegende. Auch Stoiber sieht das rückblickend so. Mit dazu beigetragen hat auch ein Zufall. In dem Pressekonferenzraum, in dem sich in Kreuth die aufgescheuchten CSU-Oberen zur Beratung zurückgezogen hatten, befand sich noch eine Kamera des Bayerischen Fernsehens. Sie war mit den Übertragungswagen verbunden und wegen einer für Mittags angesetzten Pressekonferenz der Fraktionsklausur schon auf standby. Als sich in dem Raum was rührte, ließen die Techniker von außerhalb die Aufnahme laufen. Dadurch hatte das Fernsehen am Abend, als Illustration zur Rücktrittserklärung von Stoiber, schöne Bilder von den »Putschisten«. Es blieb der Eindruck, diese Runde hätte Stoibers Sturz besiegelt. Sein Rücktritt, wenn auch erst für Ende September angekündigt, hatte die Situation in der CSU schlagartig verändert.

Die Übereinkunft zwischen Günther Beckstein und Erwin Huber war jetzt eine Festlegung. Das galt vor allem für das Amt des Ministerpräsidenten, Beckstein war gesetzt. Beim Parteivorsitz war das anders, weil sich mit Beginn der Nachfolgedebatten Horst Seehofer als CSU-Vorsitzender ins Gespräch gebracht hatte. Daran änderte auch die Tatsache nichts, dass ausgerechnet zu Beginn der Kreuther Klausur »Bild« das lange gehütete Geheimnis von Seehofers unehelichem Kind lüftete. Die Geschichte sorgte in der CSU für Ärger, weil besonders die CSU-Bundestagsabgeordneten ein abgekartetes Spiel witterten, um einen der ihren vom Kandidatenstuhl für den Parteivorsitz zu stoßen. Der Zweikampf zwischen dem »Münchner« Huber und dem »Berliner« Seehofer beschäftigte die Partei in den nächsten Monaten. Dabei wurde der lange Zeitraum zwischen der Erklärung Stoibers und seinem tatsächlichen Rücktritt zum Problem. Diese acht Monate lagen bleiern auf der CSU.

Stoiber hatte also die CSU mit seinem Befreiungsschlag monatelang gelähmt. Hätte aber er auf seinen Ämtern beharrt und angefangen darum zu kämpfen, wären die Schwierigkeiten ungleich größer geworden. Das Volksbegehren der Opposition drohte. Die folgenden Diskussionen um die Zukunft Stoibers hätten zu Brüchen in Partei und Wählerschaft geführt und die CSU in eine gefährliche Situation gebracht. Das wusste Stoiber natürlich. Er setzte diese Einsicht ganz bewusst an den Beginn seiner kurzen Rücktrittserklärung und begründete damit, warum er den Weg frei mache. »Der Erfolg und die Geschlossenheit der CSU, das Wohl und die Zukunftsfähigkeit des Freistaats Bayern waren stets mein oberstes politisches Ziel.« Ein ehrlicher und glaubhafter Satz.

Kapitel 11

»Edmund, Edmund« – Der lange Abschied

Edmund Stoiber ließ nach seiner Rücktrittserklärung keinen Zweifel daran, dass er weiter die Zügel in der Hand habe. Er hatte den Termin seiner Ämterniederlegung bestimmt, und er wollte bis Ende September Staatsregierung und Partei führen, fast so als sei nichts gewesen. Seine Rücktrittsbedingungen sprach er mit niemandem aus der Parteispitze ab. Genau so wie er in Berlin ohne Absprache das Amt des Bundeswirtschaftsministers hinwarf, so stellte er jetzt seine Partei vor vollendete Tatsachen. Acht lange Monate gab er sich Zeit, bis zum seinem endgültigen Amtsverzicht. Wie sollten diejenigen, die Stoiber zum Rücktritt zwangen, jetzt mit ihm umgehen ohne neue Belastungen heraufzubeschwören? Es war ein schmaler und gefährlicher Grat, auf den Stoiber seine CSU führte. Eine Mehrheit in der Bevölkerung hatte dafür plädiert, die Ära Stoiber zu beenden, aber ein Teil der CSU-Anhängerschaft war auch verärgert über die Entmachtung Stoibers. Schnell war klar, eine Spaltung der Anhängerschaft in Stoibergegner- und befürworter muss vermieden werden. Die CSU konnte es sich nicht leisten, durch den Abgang von Stoiber Wähler zu verlieren. Es durfte keine Stimmung entstehen »so könnt ihr mit einem so verdienten Mann nicht umgehen«. Deshalb versuchten die CSU-Mandatsträger möglichst schnell zur Normalität zurückzukehren und unterwarfen sich den Rücktrittsbedingungen. Doch Stoibers Erbe war noch nicht geklärt. Nur der künftige Ministerpräsident stand fest, um den CSU-Vorsitz entbrannte der Zweikampf zwischen Erwin Huber und Horst Seehofer.

Nach außen verhielt sich Stoiber unverändert. Er blicke nicht zurück, wehrte er Fragen nach seinen Gefühlen ab. Nur in der ersten Parteivorstandssitzung am Montag nach seiner Rücktrittserklärung redete er kurz Klartext. Er verwahrte sich gegen Meldungen, er habe letztlich Beckstein und Huber aufgefordert, sich als seine potenziellen Nachfolger zu einigen und seine Ämter unter sich aufzuteilen. »Eine solche Legendenbildung mache ich nicht mit«, warnte Stoiber und schloss die Debatte darüber. Stoiber kannte seine Partei. Er wusste, dass sie ihn bis zu seinem Ausscheiden aus den Ämtern als starken Mann akzeptieren musste. Er tat das, was er immer in seinem politischen Leben getan hatte, er schaute nach vorne. Eine Aufarbeitung der Entwicklung, die ihn zum Rücktritt getrieben hatte, fand mit ihm nicht statt. Weder öffentlich noch in den Parteigremien. Wie erschrockene Schulbuben machten das die CSU-Mandatsträger mit.

Stoiber war noch am Tag seines Rücktritts nach Bamberg gefahren zu einem Neujahrsempfang der oberfränkischen CSU. Er wurde dort mit großem Jubel empfangen. So ging das bei vielen öffentlichen Veranstaltungen weiter. Doch selbst »Edmund, Edmund«-Sprechchöre waren nichts anderes als ein »danke, dass du gehst« und kein »bitte bleib doch«. Viele CSU-Anhänger waren froh, dass Stoiber scheinbar selbst den verworrenen Knoten durchschlagen hatte. Zu lange schon lähmte die Spannung die Partei. Die Erleichterung war groß, keinen verbitterten Stoiber vor sich zu sehen, sondern einen, der sich nichts anmerken ließ und weiter den Chef gab. Das ging scheinbar erstaunlich gut. Doch Stoiber verdammte damit auch bewusst seine potenziellen Nachfolger zum Nichtstun. Beckstein und Huber waren in seinen Augen die Putschisten von Kreuth. Die beiden mussten zwangsläufig gute Miene zum bösen Spiel machen und brav Stoibers Minister spielen. Wobei der Noch-Mininisterpräsident besonders Beckstein spüren ließ, dass er ihn als treibende Kraft eines Ränkespiels sah. Huber dagegen war für Stoiber eher der Verführte, der seine Chance nutzen musste und wollte.

Für den als Ministerpräsidenten gesetzten Beckstein war es besonders schwer, zum Stillhalten verdonnert zu sein. Er durfte öffentlich nicht einmal selbstständig denken oder gar Visionen entwickeln für seine künftige Regierungszeit. Dem langjährigen Stoibervertrauten blieben die Hände gebunden, die innere Spannung war ihm anzusehen. Mit Sarkasmus versuchte Beckstein das zu überspielen. Bevor er nicht zum Ministerpräsidenten gewählt sei, »werde er keine Sekunde daran denken«. Als Bestätigung fügte er noch verschmitzt grinsend hinzu, »auch seine Frau Marga habe ihm das verboten«. Das klang lustig, war es aber nicht. Beckstein stand unter scharfer Beobachtung der Stoiberianer, die registrierten, wie er sich verhielt und ob er es vielleicht nicht erwarten könne, sich schon mal als künftiger Ministerpräsident zu geben. Beckstein blieb nur verkrampftes und wenig souveränes Agieren.

Huber wiederum, als Finanzminister ein solider Sachwalter der wieder gut gefüllten bayerischen Haushaltskasse, konnte wenigstens anfangen in der Partei für seine Wahl zum Parteivorsitzenden zu werben. Doch Umfragen sahen lange seinen Konkurrenten Horst Seehofer vorne. Huber spürte, dass dieser ihm in der Ausstrahlung überlegen war. Seehofer verhielt sich zudem sehr geschickt. Er lobte Stoiber, bedauerte öffentlich dessen Rücktritt und vertrat als Einziger aus der Parteispitze explizit die Meinung, es wäre besser gewesen, mit Stoiber noch mal in die Landtagswahl zu gehen.

Seehofer spielte sein eigenes Spiel. Er war ja Teil des Stoiber'schen Planes für die »letzte Etappe«. Stoiber hatte ihn als Einzigen aus der Parteispitze in seine Überlegungen über einen geordneten Machtwechsel miteinbezogen. Da war zwar vieles noch nicht konkret, doch er machte gegenüber Seehofer Andeutungen, dass er sich vorstellen könne, ihm spätestens 2010 den CSU-Vorsitz zu vererben. Ausgerechnet Seehofer, der früher mit Stoiber gerade in der Gesundheitspolitik Kämpfe ausgefochten hatte. Im November 2004 trat er wegen unüberbrückbarer Meinungsverschiedenheiten zur Gesundheitsprämie als Vize der Unionsfraktion im Bundestag zurück. Auch sein Amt als gesundheitspolitischer Sprecher legte er nieder. Seehofer ließ sich in Bayern zum Vorsitzenden des mächtigen Sozialverbandes VdK wählen und drohte mit außerparlamentarischer Opposition. In einem halben Jahr gewann der VdK dank seiner Zugkraft 20 000 neue Mitglieder. Doch Stoiber wusste immer, die CSU kann auf einen wie Seehofer nicht verzichten. Deswegen machte er ihn 2005 auf einen der zwei CSU-Kabinettsplätze zum Bundeslandwirtschaftsminister.

Seinen Plan, den in Berlin bestens vernetzten Seehofer zum Parteichef zu machen, konnte Stoiber nicht mehr verwirklichen. Nach seiner Rücktrittsankündigung vermied er aber beim Zweikampf Huber-Seehofer jede Andeutung, die als Empfehlung ausgelegt hätte werden können. Stoiber wollte aber in den ersten Wochen versuchen, einen der beiden Kandidaten zum Verzicht zu bewegen, um der verunsicherten CSU eine Belastung zu ersparen. Doch da hatte sich Stoiber im Selbstbewusstsein seiner Partei getäuscht. Die wollte sehr wohl bei der Wahl ihres Parteichefs eine Auswahl haben und ließ Stoiber abblitzen. Seehofers Chancen waren auch ohne Stoibers Fürsprache gut. Die Berliner Landesgruppe der Partei plädierte klar für Seehofer, die Landtagsfraktion in München war eher gespalten.

Die guten Umfragewerte sprachen für Seehofer. Er hatte einfach mehr Ausstrahlung als Huber. Seehofer hing auch immer schon der Ruf eines unabhängigen, wenn auch manchmal eigensinnigen Kopfes an. So ganz anders als der Stoiber'sche Auftragsarbeiter Huber. Seehofer schlug jedoch aus Teilen der Partei auch Ablehnung entgegen. Er war nicht der fleißige Eiferer wie Erwin Huber, der sich als Diener der Partei präsentierte. Seehofer übertrieb seine sprichwörtliche Gelassenheit bisweilen, sehr zum Verdruss seiner Parteifreunde. Er galt als unzuverlässig, auch bei Journalisten, weil er manchmal tagelang abtauchte, sich Auszeiten nahm. Eigentlich das gute Recht eines Politikers, das gerade bei Seehofer auf Verständnis hätte stoßen müssen. Schließlich erkrankte der 2002 lebensgefährlich am Herzen, weil er aufgrund von Arbeitsüberlastung eine beginnende Herzmuskelentzündung verdrängt hatte. Seehofer hätte die Wahl zum CSU-Vorsitzenden dennoch gewonnen, wenn er sich nicht selbst ins Hintertreffen gebracht hätte.

Es war nicht vorrangig die uneheliche Vaterschaft, die Seehofer angelastet wurde, sondern die Weise, wie er damit umging. Er weigerte sich, eine Entscheidung bekannt zu geben, ob er nun zur Familie zurückkehre oder bei der schwangeren Geliebten bleibe. Ein gefundenes Fressen für den Boulevard. Seine privaten Wirren gingen vor allem den konservativen Frauen in der CSU gegen den Strich. Er beharrte aber trotz massiven parteiinternen Drucks darauf, dies sei seine Privatsache. Dann beging er aber einen groben Fehler. Genervt von den ständigen Fragen nach seinem Leben zwischen zwei Frauen und nicht enden wollenden moralischen Appellen aus der CSU, griff er zum biblischen »wer ohne Schuld, der werfe den ersten Stein«. Dummerweise setzte er noch eins drauf und deutete gegenüber einem »Stern«-Reporter an, er sei nicht der Einzige in der CSU-Prominenz, dem moralische Vorwürfe gemacht werden könnten. »Ich weiß viel, ich hab viel Material«, meinte er vielsagend und deutete dabei auf die Schreibtischschublade. Das war eine Drohung und löste zu Recht große Empörung aus. Seehofer fiel im Ansehen seiner Partei und die Umfragewerte reagierten entsprechend. Dennoch erreichte er am 29. September 2007 auf dem CSU-Parteitag respektable 39 Prozent gegen Erwin Huber. Die beiden Kontrahenten hatten sich im acht Monate währenden Wahlkampf ausgesprochen fair verhalten. Seehofer ging, geschlagen, aber erhobenen Hauptes aus dem Ring. Es war noch mal gut gegangen, er wurde als Parteivize eindrucksvoll bestätigt und blieb weiterhin ein Zugpferd der CSU. Gabriele Pauli, die auf dem CSU-Parteitag 2007 auch für den CSU-Vorsitz kandidiert hatte, erhielt mit 24 Stimmen nur 2,5 Prozent.

Stoibers eigenmächtige Terminsetzung hatte die Zeit bis zur endgültigen Klärung seiner Nachfolge gefährlich lang werden lassen. Nur mit viel Disziplin der Beteiligten konnten weitere Belastungen der CSU vermieden werden. Die Spanne zwischen Stoibers Rücktrittsankündigung und seiner zelebrierten Machtübergabe war zu lang. Sie hat der CSU nicht gut getan. Günther Beckstein und Erwin Huber mussten zu lange im Wartezimmer der Macht sitzen und starrten auf Stoiber wie das Kaninchen auf die Schlange. Stoiber hätte sich lieber auf die Zunge gebissen, als in diesen Monaten einmal ein lobendes Wort über Beckstein zu verlieren. Jeder hatte Verständnis für sein Schmollen, aber nach einem Vierteljahr hätte er sich zu einer anderen Rolle aufraffen können. Die CSU brauchte einen Moderator des Übergangs, der Größe zeigt und seine Nachfolger aufbaut. Stoiber hielt seinen Zeitplan sogar für besonders nobel, habe doch Beckstein dadurch noch ein Jahr Zeit, sich bis zur Landtagswahl 2008 mit eigener Handschrift zu präsentieren. Stoiber verhielt sich ansonsten durchaus korrekt, vermied Andeutungen und ließ sich nichts entlocken über seine Verletzungen wie über seinen Groll. Lieber versuchte er mit ungebrochenem Eifer und hohem Arbeitstempo zu zeigen, was für ein fähiger und fleißiger Ministerpräsident mit ihm verloren gehen würde.

Wie wenig er seine Niederlage verarbeitet hatte, bewies ein dubioses Planspiel Stoibers. Im Mai 2007 stand die Neuwahl des oberbayerischen CSU-Bezirksvorsitzenden an. Stoiber führte faktisch die größte und lange Zeit auch mächtigste Untergliederung der Partei.

Oberbayern hat die meisten Wähler, die meisten CSU-Mitglieder und die meisten Kabinettsmitglieder. Fast alle bayerischen Ministerpräsidenten kamen aus Oberbayern. Zuletzt stand Landtagspräsident Alois Glück diesem einflussreichen CSU-Bezirk vor. Er favorisierte als seinen Nachfolger Kultusminister Siegfried Schneider. Als Gegenkandidat trat Wissenschaftsminister Thomas Goppel an, der Sohn des langjährigen Ministerpräsidenten Alfons Goppel. Auf dem Bezirksparteitag hielt Stoiber als CSU-Chef eine Rede. Er warb unverhohlen für Goppel. Das war ein ungewöhnlich deutlicher Beeinflussungsversuch, der Goppel gar nicht gut bekam, noch dazu wo er sich in seiner eigenen Vorstellungsrede keineswegs als Mann des Neuanfangs präsentieren konnte. Die CSU-Delegierten wählten deshalb mit klarer Mehrheit den fast zehn Jahre jüngeren Schneider zum oberbayerischen Bezirkschef. Sie zeigten, dass sie sich von Stoiber nichts mehr vorschreiben lassen wollten. Das war auch gut so, denn dieser hätte mit einem oberbayerischen CSU-Bezirksvorsitzenden Goppel noch ziemlich abstruse Pläne verbunden. Was genau er vorhatte, blieb unklar, aber er machte im Vorfeld einige Andeutungen, wie »lassen Sie uns noch den Oberbayern-Parteitag abwarten« und bestätigte damit Gerüchte, wonach Kräfte aus Oberbayern angeblich mit Goppel eine Offensive gegen den fränkischen Ministerpräsidentenkandidaten Beckstein planten. Ob Stoiber tatsächlich glaubte, er könne sich an Beckstein rächen und mit den Oberbayern den neuen Bezirksvorsitzenden Goppel als Ministerpräsidenten durchzudrücken, muss offen bleiben. Auf Nachfragen verwies Stoiber so etwas natürlich in das Reich der Fabel, aber es gibt Anhaltspunkte dafür, dass er mit dem Gedanken gespielt hat.

Beckstein war unter Stoiber groß geworden, hatte ihm immer treu und loyal gedient und dessen Innenministererbe mehr als gut verwaltet. Er führte seit 2005 die Liste der beliebtesten Politiker Bayerns an. Beckstein wäre ohne Stoibers Berliner Zickzackkurs mit hoher Wahrscheinlichkeit Bundesinnenminister geworden. Doch all das zählte bei Stoiber nicht, er hatte sich die ganzen acht Monate lang eigentlich nicht von der inneren Haltung gelöst, die er Ende Februar 2007 beim politischen Aschermittwoch gezeigt hatte. Diese Veranstaltung wird ja von der CSU gern als »größter Stammtisch der Welt« gerühmt. Stoiber passte sich in seiner letzten großen Aschermittwochsrede diesem Niveau willig an. Er ließ sich mitreißen von Ovationen und »Edmund«-Jubelschildern. Er genoss es, dass Gabriele Pauli als »rote Hexe«, »Teufelsweib« und »Königsmörderin« verunglimpft und mit »Pauli raus«-Rufen empfangen wurde. Dann redete ein euphorischer Stoiber, als sei nichts gewesen. Er beschrieb sich als gesund und leistungsfähig und schilderte eine Begegnung mit dem damaligen russischen Präsidenten Wladimir Putin. Der habe sich höchst erstaunt gezeigt über Stoibers Rücktrittankündigung. Sogar seinen Geheimdienst habe der Kremlchef kontaktiert, um herauszufinden, warum Stoiber gehe. »Sie haben nichts gefunden«, zitierte Stoiber triumphierend Putin.

Fünf Wochen nach seiner Niederlage war dieses kindische Verhalten ja noch verständlich. Kurz vor Ende seiner Amtzeit hatte Stoiber auch noch eine Umfrage in Auftrag geben lassen. Sie war Balsam für ihn, gab sie doch der Regierung Stoiber gute Noten. Dreiviertel der Bayern waren mit ihrer Arbeit zufrieden. Die Zustimmung zur CSU lag bei 58 Prozent, ein traumhaft hoher Wert. Spätestens da hätte Stoiber seine innere Zufriedenheit in äußeres Lob für Beckstein ummünzen können. Ein ausdrückliches Lob und ein öffentlich ausgesprochener Vertrauensbeweis hätten den schwierigen Übergang erleichtert. Doch Stoiber war zu dieser Größe wohl nicht fähig. Er wollte kurz vor der Sommerpause des Landtags noch vollenden, was seine Regierung seit einem Jahr vorbereitet hatte, das milliardenschwere Programm »Bayern 2020 Kinder. Bildung. Arbeit«. Er legte am 17. Juli 2007, zehn Wochen vor seinem Rücktritt, sein letztes Regierungsprogramm vor. Es stellte durchaus die richtigen Weichen, aber es kam auch die Botschaft rüber, »ich zeige meinem Nachfolger, wo es lang geht«. Das Investitions- und Zukunftsprogramm enthielt richtige Antworten für neue Herausforderungen wie demographische Entwicklung, Globalisierung und Klimawandel. Stoiber kündigte an, wann wo, wie viel Geld investiert werde, um Hauptschulen zu stärken, Universitäten und Forschung aufzurüsten, Innovationen zu bezuschussen und den Klimaschutz auszubauen. 1,5 Milliarden Euro für das Zukunftsprogramm eines scheidenden Ministerpräsidenten. Ein einmaliger Vorgang. Die zu hinterlassenen Schuhe sollten nochmals ein paar Nummern größer werden.

Stoiber wehrte sich gegen die nahezu einhellige Kritik der Medien, er habe seinen Nachfolgern ein milliardenschweres Hausaufgabenprogramm verordnet. Eleganter und staatsmännischer wäre es gewesen, wenn er dem von ihm bisher zum Stillhalten gezwungenen Beckstein das Zukunftsprogramm als Starthilfe überlassen hätte. Dazu konnte er sich aber nicht entschließen und klopfte ausdrücklich nochmals das umstrittene Transrapid-Projekt fest. Am 25. September, nicht einmal eine Woche vor seinem Rücktritt, feierte Stoiber im Beisein seines Wirtschaftsministers Huber den angeblichen Durchbruch für die Magnetschwebebahn. Die Industrie habe eine Festpreisgarantie von 1,85 Milliarden Euro gegeben. Eine Zahl, die unwahrscheinlich klang und es auch war. Aber Stoiber wollte dieses sein »Leuchtturmprojekt« als seine letzte Heldentat durchboxen und sich dafür noch feiern lassen. In Wahrheit bescherte er damit seinen Nachfolgern eine Hinterlassenschaft, die denen, wie fast zu erwarten, ein halbes Jahr später um die Ohren flog.

Kapitel 12

G8, Transrapid, Landesbank – Stoibers Hinterlassenschaften

Edmund Stoiber vermachte seinen Nachfolgern das erfolgreichste Bundesland Deutschlands, den Spitzenreiter. Aber Stoiber hinterließ auch Lasten, diese zerrten mehr und mehr an seinen Nachfolgern. Stoiber hatte Durchsetzbarkeit mit Machbarem verwechselt, bei der praktischen Aufarbeitung dieses Erbes hatte die CSU mit großen Problemen zu kämpfen.

Doch zuerst einmal konnten Günther Beckstein und Erwin Huber auf den Leistungen aufbauen, die in 14 Jahren Regierungszeit Stoibers Bayern nach vorn gebracht hatten. Keiner der bayerischen Ministerpräsidenten verbesserte während seiner Amtszeit die Rahmendaten für Arbeit und soziale Sicherheit, Wachstum und Wohlstand, Innere Sicherheit und Bildung so wie Stoiber. Alfons Goppel, mit 16 Jahren der längstgediente Regierungschef, hat zusammen mit Franz Josef Strauß den Wandel vom Agrar- zum Industriestaat geschafft. Strauß stellte schon erste wichtige Weichen für den Hightech-Standort Bayern und eine flächendeckende Infrastruktur an Universitäten und Fachhochschulen. Max Streibl konnte sich dann nur an seine Fahnen heften, das brav verwaltet zu haben. Stoiber prägte den Freistaat Bayern viel stärker durch seine programmatische Zukunftsarbeit. Er machte Bayern fit für den globalen Wettbewerb. Er entrümpelte und modernisierte, er ließ sich offensiv beraten und baute den Vorsprung aus. Sieben neue Fachhochschulen und fünf neue Museen zeigen, dass es Stoiber um mehr ging als nur um Verwaltungsreform und Haushaltssanierung.

Die Ergebnisse konnte Beckstein in seiner Werbebroschüre »Vorsprung Bayern« in 19 Tabellen präsentieren. 19-mal Bayern vorn, von der Selbstständigenquote bis zu regenerativen Energien, von der Kaufkraft je Einwohner bis zur geringsten Kriminalität. In seiner Regierungserklärung schlug Beckstein nur neue Töne an, um die alte Politik zu verkaufen. Sechs Wochen nachdem er das Amt übernommen hatte, lautete seine Botschaft: »Es kommt auf jeden an. Gemeinsam für Bayerns Zukunft. Also nicht große Programme verkünden, sondern sich den Alltagsproblemen zuwenden. Das klang nach Stoiber alles ein wenig bieder, aber auch fassbarer. Beckstein wollte sensibilisieren für die Erosion des gesellschaftlichen Zusammenlebens, für die Erziehungsverantwortung von Eltern und Schule und für den Beitrag jedes Einzelnen für das Gemeinwohl. Beckstein präsentierte sich als Teamspieler, der mit neuer Offenheit das Stoiber'sche Erbe verwalten wollte. Er versprach, sich den Problemen von Lehrermangel und zu großen Klassen zu widmen. Beim Transrapid legte er vorsichtshalber fest, dass Bayern keinen Cent mehr bezahlen werde als die noch von Stoiber verfügten 490 Millionen Euro. Ein Franke für Bayern, ein Mann mit neuen, bescheidenen Tönen. Regieren mit ruhiger Hand kündigte sich an, was sich aber bald ändern sollte.

Denn in Bayern tickten ein paar Zeitbomben. Als erstes Dauerthema erwies sich die Schulpolitik, die die Regierung Stoiber nie in den Griff bekommen hatte. Weder mit Kultusministerin Monika Hohlmeier noch mit ihrem Nachfolger Siegfried Schneider. Trotz guter Pisa-Daten verfestigte sich bei Eltern und Schülern der Eindruck, die Regierung würde Lehrermangel, Unterrichtsausfall und überfrachteten Lehrplänen nicht Herr. Sichtbarstes Zeichen war das organisatorische wie inhaltliche Durcheinander um das achtjährige Gymnasium. Es war im Herbst 2004 überhastet eingeführt worden, obwohl Stoiber ein Jahr zuvor im Landtagswahlkampf 2003 noch das Gegenteil versprochen hatte. Entsprechend schlecht startete das G8, es fehlte an Lehrmaterialien, an Stundenplänen, an Personal und Räumen für den Nachmittagsunterricht. Auf Kritik von Lehrern, Eltern und Schülern reagierte die Kultusbehörde unter Frau Hohlmeier arrogant. Die Probleme sind bis heute nicht gelöst. Ministerpräsident Beckstein gab vor Lehrerverbänden überraschend deutlich zu, dass die überhastete Einführung des G8 »unfair« war. Ein Seitenhieb auf seinen Vorgänger, aber auch das Eingeständnis, damals als stellvertretender Ministerpräsident selbst die Probleme nicht erkannt zu haben. Trotz massiver Nachbesserungen blieb das G8 bis heute ein Reizthema, das inzwischen der Regierung Beckstein angelastet wird und 2008 im Wahlkamp der bayerischen Opposition eine zentrale Rolle spielte.

Ein noch größeres Ei hatte Edmund Stoiber seinen Nachfolgern mit dem Transrapid ins Nest gelegt. Es war ihm ein persönliches Anliegen, die deutsche Referenzstrecke nach München zu holen. Nach dem Scheitern der ursprünglich geplanten Städteverbindung Hamburg- Berlin und einem Metro-Rapid im Ruhrgebiet, übrigens ebenfalls wegen der Kosten, sollte jetzt die Kurzstrecke zwischen Münchner Hauptbahnhof und Flughafen den Transrapid in Deutschland realisieren. Schon erste Kostenschätzungen wurden von den gleichen Ingenieurbüros angezweifelt, die bereits bei den anderen Transrapid-Planungen recht behalten hatten. Doch Stoiber machte die Magnetschwebebahn zu seinem Prestigeobjekt und wollte beweisen, dass in Bayern so etwas durchzusetzen ist. Bedenken wurden hinweggefegt und Kritik an der Seriosität staatlicher Kostenschätzungen als Agitation gebrandmarkt. Das »Leuchturmprojekt« war Chefsache und scheinbar Stoibers letzter Coup. Noch im September 2007 präsentierte er die angebliche Festpreisgarantie, diese Kostenvereinbarung von 1,85 Milliarden Euro mit der Industrie überreichte er als Abschiedsgeschenk an Bayern. Dabei gab es längst ein seriöses Gutachten, das Mehrkosten von einer Milliarde Euro präzise nachwies und weitere Kostensteigerungen auf 3,5 Milliarden für möglich hielt. Das aber durfte in Stoibers Regierungszeit von keinem Ministerium überprüft werden und wurde von Wirtschaftsminister Huber als »absurdes Gefälligkeitsgutachten« abgeschmettert. Dabei kündeten über 20000 Einwendungen, ein erfolgreiches Bürgerbegehren und ein drohender Volksentscheid von einem breiten Bündnis gegen den Transrapid. Es gab auch innerhalb der CSU Bedenken, ob es wirklich sinnvoll sei, 490 Millionen Euro aus bayerischen Haushaltsmitteln in das Projekt zu stecken.

Obwohl klar war, dass der Bundeszuschuss von 925 Millionen Euro aus projektgebundenen Forschungsmitteln kommt, verfing die Argumentation der Gegner: Milliarden für den Transrapid zu Lasten des öffentlichen Nahverkehrs im restlichen Bayern. Beckstein und Huber verrannten sich immer tiefer in die Verteidigung der Stoiber'schen Erblast, bis am 27. März 2008 Bundesbahn und Bauindustrie mit der Wahrheit herausrückten. Aus 1,85 Milliarden wurden plötzlich 3,4 Milliarden Euro Gesamtkosten. Es war der Beweis, dass das Münchner Transrapidprojekt nie ehrlich durchgerechnet worden war. Die noch ein halbes Jahr vorher verkündete Festpreisgarantie, entpuppte sich als Zugeständnis der Industrie an den drängenden Stoiber, der sich für einen letzten Coup feiern lassen wollte. Genau davor hatte die Opposition stets gewarnt, und auch in Berlin blieben die SPD-geführten Bundesministerien für Verkehr und Finanzen skeptisch gegenüber den in Bayern präsentieren Berechnungen. Ministerpräsident Beckstein musste reagieren und zog die Reißleine. Bei diesen Kostensteigerungen mache Bayern nicht mit, es gebe nicht mehr Geld aus dem Staatshaushalt. Bundesverkehrsminister Tiefensee schloss sich auffällig schnell an und der Transrapid wurde im Eiltempo beerdigt. Beckstein wie Huber aber hatten jetzt ein Glaubwürdigkeitsproblem. Die wahren Hintergründe von Kostenverschleierung, Planungsmängeln und Genehmigungspannen rund um das Münchner Magnetschwebebahnprojekt sind übrigens bis heute nicht aufgeklärt.

Als dritte Zeitbombe entpuppte sich nach G8 und Transrapid die Bayerische Landesbank. Als diese ein Vierteljahr nach Stoibers Abgang in Turbulenzen geriet, traf das Erwin Huber. Der hatte gehofft, durch seinen Wechsel ins Finanzministerium mit den guten Haushaltszahlen Bayerns, mit Schuldenabbau und Rücklagenpolitik auch als Parteivorsitzender punkten zu können. Stattdessen hatte er plötzlich einen parlamentarischen Untersuchungsausschuss am Hals. Aus dem paukte ihn zwar seine CSU-Mehrheit wieder heraus, aber Hubers Renommee hatte gelitten. »Lügen-Ausschuss« nannte die SPD das Untersuchungsgremium, der richtige Titel wäre »Politische-Dummheit-Ausschuss« gewesen. Denn Huber verhielt sich in der gesamten Sache äußerst ungeschickt.

Anfang 2008 kursierten erstmals Andeutungen, dass auch die Bayerische Staats- und Kommunalbank in den Abwärtsstrudel der sogenannte Subprime-Krise aus amerikanischen Immobilienkrediten hineingeraten war. Die Bayerische Landesbank gehört je zur Hälfte dem Freistaat Bayern und den Bayerischen Sparkassen. Als Finanzminister war Huber stellvertretender Verwaltungsratsvorsitzender und der Landesbank drohten milliardenschwere Verluste. Doch wann immer Huber danach gefragt wurde, blockte er ab. Er, der seit Jahren zusammen mit Innenminister Beckstein Mitglied im Verwaltungsrat der Landesbank war, hielt sich ängstlich an die Vorgaben des Bankvorstandes. Der hatte die Parole ausgegeben, ja keine Zahlen über drohende Wertberichtigungen oder Buchwertminderungen zu verbreiten, sondern nur über tatsächliche Verluste. Diese Summe betrug lange 100 Millionen Euro und das verkündete Huber brav. Er deutete zwar an, dass er tatsächlich mit höheren Verlusten rechne, dies aber sei Spekulation und basiere nicht auf belastbaren Zahlen. Ungeachtet immer neuer Meldungen über horrende Verlustprognosen anderer Landesbanken, verschanzte sich Huber hinter den Direktiven der Bank. Mehrfach ließ er sich vor den Landtag zitieren und der Lüge bezichtigen, weil er darauf beharrte, er kenne keine anderen veröffentlichbaren Zahlen. Huber war nicht fähig, in der Landesbank auf den Tisch zu hauen und Klartext zu reden. Dann fielen ihm die Banker auch noch in den Rücken und kündigten plötzlich neue Zahlen an. Huber stand blamiert da und blieb es auch, selbst als der Vorstandschef der Bayerischen Landesbank gehen musste. Die Wertberichtigungen aus der Immobilienkrise summierten sich für Haus- und Zentralbank auf weit über vier Milliarden Euro, und mindesten 20 weitere Milliarden stehen aufgrund der unsicheren Lage auf dem bayerischen Immobilienmarkt noch im Feuer. Huber überstand den Untersuchungsausschuss mit Blessuren, eine Lüge konnte ihm nicht nachgewiesen werden. Das Renommee des Finanzpolitikers Huber hatte gelitten und vor allem der Glaube in die Fähigkeit seiner Führungskraft. Nicht er bestimmte, wie die Bayerische Landesbank politisch nach außen die Kreditmarktkrise verkauft, sondern die Herren im Vorstand ließen Huber an ihren Schnüren tanzen. Bis der das realisiert hatte, war sein Ruf schon ramponiert.

In den Hintergrund rückte dabei, dass das starke Engagement der Bayerischen Landesbank in US-Immoblienkredite noch unter Stoiber angestoßen und massiv ausgeweitet wurde. Der so gerne global denkende bayerische Ministerpräsident und sein damaliger Finanzminister Kurt Faltlhauser wollten mitzocken im scheinbar lukrativen Spiel mit Aufkäufen niedrig verzinster amerikanischer Hausdarlehen. Das ging eine Zeit lang gut und spülte satte Gewinne in die Kassen. Nach dem Motto, was alle machen, kann nicht schlecht sein, wurden konservative Vorsichtsmaßnahmen außer Acht gelassen und die Landesbank agierte auf dem US-Immobilienmarkt risikobewusst wie eine Geschäftsbank. Dabei hatte die halbstaatliche Bank unter der Regierung Stoiber schon einige teure Blessuren erlitten, als sie politisch motivierte Kredite vergab. Vor allem die Zusammenarbeit mit dem Medienunternehmer Leo Kirch war verlustreich. Hinzu kam der Ehrgeiz als Global-Player, verstärkt international ins Geschäft einzusteigen. Dabei saßen die Landesbanker unter anderem dubiosen Kreditbetrügern in Malaysia auf. All das in der Zeit, als Stoiber Verantwortung trug. Sein Nachfolger Beckstein hatte damit zu kämpfen, dass die Landesbank die Folgen der US-Immobilienkreditkrise wohl nur durch den Einstieg privater Investoren schultern kann. Welche Verluste trotzdem dem Freistaat und den für die Landkreise so wichtigen kommunalen Sparkassen entstehen, ist noch nicht absehbar.

Der auf vielen Feldern so erfolgreiche Edmund Stoiber hatte zwar gute Daten hinterlassen, aber auch eine Erbmasse mit Belastungen. Die rührten aus überhasteten und schlampig geplanten Beschlüssen seiner Regierungszeit. Günther Beckstein musste damit mehr kämpfen, als ihm lieb war. Er versuchte zwar, in die Offensive zu gehen, Fehler einzugestehen und Abhilfe zu versprechen, aber es blieb ein Misstrauen in die Verlässlichkeit des Staates. Zu sehr hing den Leuten die scharfe Spar- und Reformpolitik der Regierung Stoiber nach. Die hatte Blessuren hinterlassen. Die Verlässlichkeit der CSU-Staatsregierung wurde dadurch infrage gestellt und es gab Zweifel an kurzsichtigen politischen Strategien. Die Dauerbaustelle Bildungspolitik, das Transrapid-Fiasko und der drohende Absturz der Landesbank wirkten lange nach und ramponierten deshalb auch das Ansehen der Regierung Beckstein.

Kapitel 13

EU-Kommissionspräsident, Bundespräsident – Verworfene Chancen

Wie wird sich Edmund Stoiber nach seinem Rücktritt verhalten? Eine Frage, die viele umtrieb, denn er wusste zu viel, war tief getroffen und verletzt aus dem Amt geschieden. Würde er nachtreten, sich einmischen mit besserwisserischen Kommentaren, gar an den Stühlen seiner Nachfolger sägen? Nichts von alldem. Stoiber, »die Kerze, die an zwei Enden brennt«, wie es manche ehrfurchtsvoll beschrieben, regierte zwar bis zur letzten Minute durch, verschwand dann aber geräuschlos und diszipliniert. Es gab zwar noch ein wenig Wirbel um die Ausstattung seines Büros, das einem Ministerpräsidenten außer Dienst noch vier Jahre lang zusteht: zu groß, zu teuer. Warum gleich zwei Beamte? Die Aufregung legte sich, als der »Austragsjob« bekannt wurde. »Stoiber geht nach Brüssel«, titelten einige Zeitungen, so als sei er jetzt zu einem hohen Tier in der EU-Hierarchie aufgestiegen. Doch es war nur ein Ehrenamt, das der Ruheständler übernommen hatte. EU-Kommissionspräsident Manuel Barroso hatte Stoiber gebeten, den Vorsitz einer hochkarätig besetzten 15-köpfigen »High-Level-Group« zum Bürokratieabbau zu übernehmen. Ein Titel ohne Mittel, ein Amt ohne Bezahlung. Und für Stoiber war es plötzlich die wichtigste Aufgabe der Welt. »Mein Credo war immer: Europa muss bürgernäher sein und weniger bürokratisch«, verkündete er und ließ mitteilen, dass er sich darauf, freue diese Grundsätze in die Praxis umsetzen zu können. Das Gremium soll die EU-Kommission bei ihrem Plan unterstützen, bis 2012 die Bürokratielast der Wirtschaft um ein Viertel zu verringern. Das wäre langfristig ein volkswirtschaftlicher Gewinn von 150 Milliarden Euro. Fürwahr eine Herkulesaufgabe.

Stoiber kniete sich voller Elan hinein, ohne Furcht vor dem drohenden Widerstand der Brüsseler Bürokraten. Der Mann, dem immer so viel Aktenverliebtheit nachgesagt wurde, empfahl jetzt plötzlich bei europäischen Regelungen »den Mut zur Lücke«. Da schien einer wirklich erkannt zu haben, dass die Verordnungswut der EU-Verwaltung bekämpft werden muss. Es gab auch Erfolge, die Stoiber stolz im Bayerischen Landtag verkaufte. Dort hatte die Opposition lange gelästert über den Entbürokratisierer Stoiber, war aber dann doch beeindruckt, als er Sofortmaßnahmen präsentierte, die allein die Unternehmen um 600 Millionen Euro entlasten könnten. Das reichte von der Verpflichtung, Geschäftsdaten in Amtsblättern zu veröffentlichen, über kostenintensive Übersetzungspflichten bei der Eröffnung von Zweigstellen in Mitgliedsstaaten bis hin zur Einschränkung der Offenlegungspflicht bei der Buchführung mittlerer Unternehmen. Stoiber berichtete engagiert, wie er derzeit das EU-Unternehmensrecht auf Vereinfachungen durchforsten lasse und sagte, er wolle hinausgehen in die Betriebe und sich berichten lassen. Mit großem Eifer referierte er deutschlandweit bei verschiedensten Organisationen und tischte beängstigende Zahlen auf. Die EU-Bürokratie versuche durch immer neue Verordnungen eine gut sitzende Hose zusätzlich mit Gürtel und Hosenträgern zu sichern, so seine Lieblingsbeschreibung. Damit erklärte Stoiber, wie aus 344 europäischen Informationspflichten rund 6000 nationale in den 27 Mitgliedsstaaten wurden. Er schlug auch vor, durch einen Wettbewerb Bürokratieabbauvorschläge aus ganz Europa anzuregen, um damit stärkeren politischen und öffentlichen Druck aufzubauen.

Mehr als Empfehlungen kann Stoibers Expertengruppe aber nicht aussprechen. Die »Entbürokratisierungskommission« ist zwar direkt dem Kommissionspräsidenten zugeordnet und berät ihn, aber ein Druckpotenzial gibt es nicht und natürlich auch keine eigene Entscheidungs- und Durchsetzungsbefugnis. Es bleibt also offen, ob aus Vorschlägen auch Taten werden. Das liegt nicht nur im Belieben der EU-Kommissare, die ja bekanntlich schon früher kläglich gescheitert waren am bürokratischen Beharrungsvermögen des

EU-Apparates. Immerhin gelang es Stoiber, dank seiner guten Verbindungen zur Springer-Presse, mit seinen Forderungen zum Abbau von Bürokratie in der EU regelmäßig in der »Bild« und der polnischen »Fakt« aufzutauchen. Alles populistisch aufgemacht, Stoiber als Anwalt des kleinen Mannes. Sogar das englische Boulevardblatt »Sun« unterstützte den Kampf des Bayern gegen die Windmühlenflügel der Bürokratie. Das erzeugte Aufsehen sogar im Kanzleramt. Stolz berichtete Stoiber von Anrufen Merkels. Die habe besorgt gefragt, wie sehr diese Kampagne noch ausgeweitet werde. Stoiber nahm das als Anerkennung und Beleg dafür, dass Angela Merkel immer noch Respekt habe vor seinen Stärken. Stoiber tritt in Brüssel durchaus als Tiger auf, doch er ist zahnlos. Sein guter Name und seine persönliche Bekanntschaft mit vielen europäischen Spitzenpolitikern öffnen ihm zwar auch dort viele Türen, doch eine institutionalisierte Macht hat Stoiber nicht.

Dabei hätte er in Brüssel eine ganz andere Rolle spielen können. Im Frühjahr 2004 machte Bundeskanzler Schröder dem bayerischen Ministerpräsidenten ein Angebot. Stoiber solle die Nachfolge des scheidenden EU-Kommissionspräsidenten Romano Prodi antreten. Schröder hatte das vorher sondiert. Die Zustimmung von Frankreichs Staatspräsident Jacques Chirac war sicher und auch die des englischen Premierministers Tony Blair. Damit wäre die Ernennung Stoibers durchzusetzen gewesen. Schröder wollte Stoiber aber nicht direkt anrufen, sondern schickte den Siemenschef Heinrich von Pierer vor. Der lud Stoiber in sein Privathaus nach Erlangen ein und unterbreitete ihm im Namen von Schröder den Vorschlag. Doch Stoiber lehnte ab, ohne es an die große Glocke zu hängen. Er hatte sich auch mit Angela Merkel darüber beraten. Die riet ab, weil sie befürchtete, Schröder wolle einen Keil in die Union treiben, wenn er einen CSU-Politiker zum wichtigsten Europäer machte. Stoiber wäre dann ein EU-Kommissionspräsident von Schröders Gnaden gewesen, so der Einwand der CDU-Vorsitzenden. Als Angebot und Ablehnung nach einigen Monaten öffentlich wurden, begründete Stoiber im »Bayernkurier« offiziell seine Absage. Als Kommissionspräsident wäre er allen europäischen Regionen gleichermaßen verpflichtet gewesen wäre und hätte nicht mehr überwiegend für Bayern und Deutschland kämpfen können. Deshalb bleibe er lieber Ministerpräsident und CSU-Vorsitzender.

Im gleichen Artikel warf er dann aber der rot-grünen Bundesregierung vor, die deutschen Interessen in Europa zu vernachlässigen. Er kritisierte also lieber weiter aus der Ferne, als direkt in Brüssel anzupacken. Dabei hätte er mit seiner Erfahrung in der Administration, seinem Durchsetzungswillen, seiner Genauigkeit und seinem unermüdlichen Arbeitseifer in der EU einiges verändern können. Auch wenn das später manchem Regierungschef sauer aufgestoßen wäre und sie sich am Beharrungsvermögen Stoibers gerieben hätten, der Posten des EU-Kommissionspräsidenten wäre ihm gut zu Gesicht gestanden. Besser jedenfalls als dem farblosen Barroso, der in Portugal als Ministerpräsident keine großen Spuren hinterlassen hatte. Stoiber hätte sich mit dem europäischen Spitzenamt größeres Ansehen erarbeiten können als in den folgenden schwierigen Jahren in München und Berlin. So arbeitet jetzt der Ministerpräsident a.D. ehrenamtlich dem Mann zu, der anstatt seiner auf dem Stuhl des Kommissionspräsidenten sitzt. Manche in der CSU unken, Stoiber habe den höchsten EU-Job auch wegen seiner fehlenden Englischkenntnisse gescheut. Das mag eine Rolle gespielt haben, ausschlaggebend war aber der Glaube an die eigene Unentbehrlichkeit. 2004 hielt sich Stoiber immer noch für den wichtigsten Unionspolitiker im Kampf gegen die Regierung Schröder, er fühlte sich Merkel überlegen und traute niemand anderem zu, die CSU und Bayern zu führen. CSU-Granden bestärkten ihn darin, und es gab auch keine Kronprinzen, der es wagte den Kopf zu recken.

2004 war Edmund Stoiber noch für einen anderen Spitzenposten im Gespräch. Es gab einflussreiche Kräfte in der Union und auch in der FDP, die sich ihn als Bundespräsidenten vorstellen konnten. Johannes Rau hatte schon Ende 2003 aus gesundheitlichen Gründen auf eine erneute Wiederwahl im darauffolgenden Jahr verzichtet. SPD und Grüne hatten zudem in der Bundesversammlung ihre Mehrheit verloren und hätten keinen eigenen Kandidaten durchsetzen können. Bei Union und FDP lag also das Vorschlagsrecht und Stoibers Chancen wären reell gewesen. Er hätte als erster CSU-Politiker das hochangesehene Amt übernehmen können. Mit der Ausstrahlung seiner Frau wäre es Stoiber auch gelungen, das Amt gut auszufüllen, argumentierten viele. Doch Stoiber überlegte nicht lange. Er hätte den CSU-Vorsitz opfern müssen. Für ihn damals undenkbar, weil er auf diese Macht nicht verzichten wollte. Eine Mehrheit der Parteispitze unterstützte ihn darin. Denn im Schatten von Stoiber traute sich noch keiner die Nachfolge zu. 2007, nach seiner erzwungenen Rücktrittsankündigung, plagte ein paar Parteifreunde das schlechte Gewissen. Sie schlugen Stoiber erneut als möglichen Bundespräsidentenkandidaten vor. Diesmal als Nachfolger von Horst Köhler, falls dieser sich nicht für eine zweite Amtszeit entscheide. Doch die Sache verlief schnell im Sande, noch bevor Köhler seine erneute Kandidatur bekannt gab.

Innerhalb von zwei Jahren war Stoiber nahe dran an drei hochkarätigen Ämtern. Bundeskanzler, EU-Kommissionspräsident und Bundespräsident. Bundeskanzler wäre er wirklich gern geworden. Sein Scheitern war der Tiefpunkt seiner bisherigen Karriere. Danach ging es nur scheinbar nochmals aufwärts mit dem hohen Wahlsieg in Bayern. Dieser Höhepunkt entpuppte sich als Bruchstelle. Voller

Selbstüberschätzung überstrapazierte Stoiber in der Folge seine Machtfülle und verlor sie deshalb. Er, der sich noch mit 65 Jahren leistungsfähiger fühlte als viele andere, musste zusehen, wie ihm Einfluss und Ansehen in der CSU entglitten. Anlässlich seines 65. Geburtstages, am 28. September 2006, war dies beim Geburtstagsempfang seiner Landtagsfraktion mit Händen zu greifen. Viele CSU-Abgeordnete waren zu dem Stehempfang mit kurzen und geheuchelten Lobreden gar nicht gekommen. Als Stoiber zusammen mit seiner Frau den Saal im Münchner Maximilianeum betrat, rührte sich keine Hand zum Beifall. Eine symbolträchtige Szene. Aus Unmut war Frust geworden, aber es gab noch keine Anführer, die die Initiative ergriffen.

Der Satz des lange in München wirkenden Philosophen Romano Guardini »Demut ist die Tugend der Starken, die wollen, dass die Dinge gut werden,« lag einem wie Stoiber fern, auch wenn er seinen Rücktritt immer als Dienst an der Partei verkaufte. Über Merkel entfuhr Stoiber ein Jahr nach seinem Abtritt immerhin das Lob: »sie ist eine exzellente Technikerin der Macht«. Das hätte er eigentlich schon früher erkennen müssen. Selbst lange nach seinem Rücktritt konnte sich Stoiber nicht entschließen, wirklich aktiv im Landtagswahlkampf für Günther Beckstein und Erwin Huber zu werben. Viele wussten, wie sehr er unter den zurückgehenden Umfragewerten für die CSU litt. Als er im Mai 2008 gelangweilt und enttäuscht während eines Auswärtsspiels des FC Bayern in St. Petersburg die 0:4 Niederlage seines Vereins miterleiden musste, schickte er eifrig SMS an etliche CSU-Politiker. Da krebsten die CSU-Umfragewerte bei 50 Prozent herum, was Stoiber als katastrophal bewertete und maliziös die Frage stellte: »und wo standen wir vor einem Jahr?« Die Antwort war klar, deutlich über 50, genauer bei 57 Prozent. Das Gefühl, er habe es besser gemacht, trieb ihn um. Er wäre damals wohl am liebsten durch das Land gezogen und hätte sich wieder angepriesen. Die Vernunft sagte ihm aber, dass dies die Partei zerreißen würde.

Seine wenigen Bierzeltauftritte im Landtagswahlkampf, die er gezielt in den Revieren alter Getreuer wie Horst Seehofer und Markus Söder absolvierte, trieften vor Selbstbewusstsein. Er redete sich in Rage, war ganz der Alte. Er schrie seine Botschaft förmlich hinaus, der »Mythos CSU« müsse erhalten bleiben und das bedeute zwingend Wahlergebnisse jenseits der 50 Prozent. Nur so seien Stärke und Einfluss in Bayern und Berlin zu sichern. Das musste und sollte seinen Nachfolgern in den Ohren klingen. Vor allem als Stoiber spitzzüngig anmerkte, »ich hoffe die schultern das, das ist die Aufgabe, die sie bestehen müssen«. Beckstein und Huber warteten während des gesamten bayerischen Landtagswahlkampfes vergeblich auf ein Lob von Stoiber. Er hätte ja nicht hemmungslos gut über sie reden müssen, aber wenigstens klarmachen, dass er an sie glaubt. Nichts von alledem. Keine noch so abgestufte Anerkennung kam ihm über die Lippen. »Das können Sie von mir nicht erwarten«, war da ziemlich dünnlippig zu hören, wenn er direkt darauf angesprochen wurde. Mehr noch, Stoiber und seine verbeamteten Getreuen berichten von Pfeifkonzerten, wenn er bei Veranstaltungen die Namen von Beckstein und Huber erwähnte. Stoiber selbst wies sogar noch darauf hin, dass er persönliche Freunde verloren habe, weil er sich nicht öffentlich gegen die »Meuchelmörder« Beckstein und Huber gewehrt habe. Es gebe da einige Leute in seinem Bekanntenkreis, die erwartet hätten, dass er es auf einen Machtkampf mit »den Putschisten« hätte ankommen lassen sollen. Stoiber telefonierte während des gesamten Landtagswahlkampfes herum und wies besorgt auf die Fehler seiner Nachfolger hin. Er vermisse einheitliche Sprachregelungen, Beckstein sondere zu viele belanglose Pressemitteilungen ab und dränge Huber zu sehr in den Hintergrund. Stoiber gab bei solchen Telefonaten, aber auch in Hintergrundgesprächen mit Journalisten zu verstehen, was er alles anders gemacht hätte. Er beklagte den schwindenden Einfluss seiner Partei in Berlin und die fehlende außenpolitische Stimme. Da ließ er sich dann auch zu bissigen Bemerkungen hinreißen, er hätte als bayerischer Ministerpräsident und CSU-Chef natürlich mitgewirkt bei der Lösung europäischer Krisen, zum Beispiel beim Kaukasuskonflikt. Ein Stoiber wäre da von Frankreichs Präsident Nicolas Sarkozy empfangen worden, ein Beckstein oder Huber natürlich nicht, deutete er an.

Derweilen tourt der Kabarettist Wolfgang Krebs weiterhin mit großem Erfolg als Stoiberimitator durch Bayern. Er erntet bei seinem johlenden Publikum stürmischen Jubel für seine Ankündigung: »demnächst wieder die Macht übernehmen zu wollen, weil es ja seine Nachfolger einfach nicht können«. Auch einige Radiosender platzierten erfolgreich Comicals wie »Eddi und Günni« oder »Der Landesvater«, die mit großem Erfolg nach dem gleichen Strickmuster funktionierten. Stimmenimitatoren stellten Günther Beckstein als braven neuen Landesvater vor, dem ständig ein besserwisserischer Edmund Stoiber ins Handwerk pfuscht. Diese Radiospots wurden erst kurz vor der Landtagswahl gestoppt und hinterließen den bleibenden Eindruck, der neue Ministerpräsident stehe unter der Fuchtel des alten.

Kapitel 14

»Das Tandem mit den kurzen Beinen« – Beckstein und Huber kommen nicht in Tritt

Die Landtagswahl 2008 wurde zum Scherbengericht für die CSU. Fassungslos musste die Partei mit ansehen, wie sie vom Wähler abgestraft wurde. 43,4 Prozent standen am späten Abend des 28. September als amtliches Endergebnis fest, ein Verlust von 17,3 Prozent. Das Schicksal von Stoibers Nachfolgern schien nach nur einem Jahr besiegelt. Es war ihren grauen Mienen anzusehen, wie sie die Last der Niederlage schier erdrückte. Es mussten personelle Konsequenzen folgen, obwohl Günther Beckstein wie Erwin Huber in ihrer Schockstarre beteuerten, die Wahlschlappe sei die Quittung für die letzten fünf Jahre und nicht nur für ihre kurze Regierungszeit. Doch es nutzte nichts, sie mussten vor Dutzenden von Kameras und Mikrofonen geradestehen für die verlorene Wahl.

In Wolfratshausen zog derweilen Edmund Stoiber bereits die Fäden für seinen Rachefeldzug. Er hatte schon vor der Wahl ein verheerendes Ergebnis an die Wand gemalt und sich genüsslich an den Fehlern seiner ungeliebten Nachfolger geweidet. Nicht öffentlich, aber in zahlreichen, sogenannten vertraulichen Gesprächen, da aber ziemlich unverhohlen. Damit wollte er die Botschaft aussenden, Beckstein und Huber haben sein Erbe verspielt und den »Mythos CSU« zerstört. Bereits am Freitag vor der Wahl begann er generalstabsmäßig mit der Demontage von Beckstein. Er bereitete den Putsch gegen die »Putschisten von Kreuth« vor und setzte seine Giftspritzen bayernweit. CSU-Chef Huber kam in seinen Kommentaren besser weg als Beckstein. Stoiber wiederholte seine Einschätzung, sein früherer engster Mitarbeiter sei nur Mitläufer gewesen und Beckstein der böse Bube. Am Wahltag selbst erhielt er schon früh die verheerenden Prognosen und begann sofort zu telefonieren, um Stimmung gegen Beckstein zu machen, ein radikaler Neuanfang sei nötig. Jetzt müssten die Oberbayern wieder die Regie übernehmen im Freistaat, der Franke Beckstein sei kläglich gescheitert. Stoiber rührte bereits die Werbetrommel für seinen Vorschlag, Seehofer als neuen starken Mann zu nominieren.

Am Tag nach der Wahlschlappe gab Stoiber bedeutungsschwere Interviews und sprach mit versteinerter Miene vom »bittersten Moment in meinem politischen Leben, das seien keine Watschn und kein Denkzettel mehr, sondern eine Zäsur in der Geschichte der CSU«. Das Wahlergebnis »habe ihm seinen Geburtstag verhagelt«, beklagte er sich. Stoiber witterte eine Chance das Interregnum des fränkisch-niederbayerischen Duos zu beenden. Es war zwar klar, dass nach dem Desaster personelle Konsequenzen folgen mussten, aber er wollte die radikale Lösung und gab sich nicht zufrieden mit den Rücktritten von Parteichef Huber und Generalssekretärin Christine Haderthauer. Er instrumentalisierte den schwachen oberbayerischen Bezirksvorsitzenden Siegfried Schneider für einen Aufstand.

Am Tag nach der Wahl hatte im CSU-Vorstand noch Einigkeit geherrscht, vorerst nur einen Sonderparteitag für die Nachfolge des CSU-Vorsitzenden einzuberufen. Ministerpräsident Beckstein dagegen sollte erneut das Vertrauen ausgesprochen werden. Da telefonierte Stoiber noch intensiver. Er wies, nach übereinstimmenden Aussagen verschiedenster Beteiligter, vor allem Beckstein die Hauptschuld zu. Dessen Fehler und Auftreten hätten auch zum überdurchschnittlich schlechten Ergebnis der einst so mächtigen Oberbayern-CSU geführt. Das lag mit minus 20,9 Prozent deutlich unter den landesweiten Verlusten. In Oberbayern saßen zwar immer noch die meisten Stoiberfans, die auch zuhauf zu seinen wenigen Wahlkampfauftritten gekommen waren, aber es wurde auch unverhohlen Stimmung gegen den fränkischen Ministerpräsidenten Beckstein gemacht. Nirgendwo plätscherte der Wahlkampf so lasch dahin wie in Oberbayern, zudem hatte die CSU dort mit dem umstrittenen Kultusminister Schneider nur eine personelle Notlösung an die Spitze der Bezirksliste gesetzt.

36 Stunden nach der Wahlschlappe hatte Parteichef Huber seinen Rücktritt erklärt, und Bundeslandwirtschaftsminister Seehofer wurde umgehend als Nachfolger nominiert. Beckstein machte sich zwar noch Hoffnungen auf eine erneute Wahl, doch die Oberbayern erhöhten den Druck. Es fand ein regelrechtes Mobbing statt. Edmund Stoiber spielte nach außen den abwägenden und besorgten Staatsmann und wetzte hintenherum die Messer. Er drängte massiv auf Becksteins Ablösung und wollte Seehofer als Nachfolger durchboxen. Dabei hatten Nachwahlumfragen ergeben, dass Beckstein durchaus noch das Vertrauen einer Mehrheit der CSU-Wähler besaß. Als Hauptgründe für die Stimmenverluste wurden die Arroganz der Macht, die Unzufriedenheit mit der Bildungspolitik, das rigide Rauchverbot in Gaststätten, die Transrapid-Pleite, das Landesbank-Desaster und erst dann das Erscheinungsbild des Tandems Beckstein/Huber genannt.

Mit der »Arroganz«, dem ersten und stärksten Grund für das Abwenden der Wähler war ganz eindeutig auch die Regierungszeit von Stoiber gemeint. Doch dieser wies solche Analysen entrüstet zurück. Er sah seine Chance gekommen, die alten Machtverhältnisse zwischen Altbayern und Franken wieder zurechtzurücken. Deshalb drängte er auf eine schnelle Ablösung von Beckstein, den er für die größte Demütigung seines Lebens verantwortlich machte. Als der erkannte, dass sich die mächtigen Oberbayern unter Stoibers Führung gegen ihn verschworen hatten, gab er auf und erklärte öffentlich, er stehe für die neue Legislaturperiode nicht mehr als Ministerpräsident zur Verfügung. Als Noch-Parteichef Huber eine Stunde später vor Journalisten Beckstein für seine Arbeit und seinen Einsatz dankte, stand Stoiber im Hintergrund des Saales und beobachtete die Szene mit zufriedener Miene. Hinterher lobte er das erste Mal öffentlich Beckstein und Huber, als er wörtlich meinte: »der Ministerpräsident und der Parteivorsitzende haben eine hervorragende Figur abgegeben und jetzt muss die CSU entscheiden, ob sie wieder alles in eine Hand gibt oder nicht«. Stoiber hatte sein Ziel erreicht. In der Woche nach der Landtagswahl 2008 konnte er seine Rachegelüste stillen, in der verblendeten Annahme, er würde nach dem Scheitern seiner Nachfolger jetzt wieder »vor der Geschichte bestehen«. Doch das Gegenteil ist der Fall. Zu unverblümt hat er im Hintergrund die Fäden gezogen, was weite Teile der Partei zutiefst empörte. Die Zeitungen spießten das auf und karikierten ihn als Mackie Messer oder Puppenspieler, dessen Marionette Horst Seehofer an seinen Fäden in der Staatskanzlei baumeln werde.

Fünf Tage nach der Landtagswahl, bei der Gedenkfeier zum 20. Todestag von Franz Josef Strauß im oberbayerischen Rott am Inn, agierte und intrigierte Stoiber weiter, während Ministerpräsident Beckstein seine angekündigte Teilnahme kurzfristig abgesagt hatte. Er thronte als Altministerpräsident demonstrativ staatsmännisch in der ersten Reihe, neben sich einen zerknirschten Erwin Huber, in der Kirchenbank dahinter Seehofer, Herrmann und Goppel. Es war in der prächtigen Rokokokirche eine Szenerie von hoher Scheinheiligkeit. Beim anschließenden Empfang zog Stoiber immer wieder Siegfried Schneider auf die Seite, um ihn zu instruieren. Tags darauf votierte die Oberbayern-CSU bei einer Sondersitzung dafür, Seehofer als Ministerpräsidentenkandidaten vorzuschlagen. Regie führte dabei wieder Stoiber. Der abwesende Seehofer hatte sich willig instrumentalisieren lassen, obwohl er Tage zuvor noch erklärte, er wolle in Berlin bleiben, um als CSU-Spitzenkandidat und Zugpferd die Bundestagswahlliste seiner Partei anzuführen. Das schien konsequent, denn während der einjährigen Amtszeit seines Rivalen

Huber hatte Seehofer immer wieder gefordert, »der Parteivorsitzende müsse nach Berlin«. Dann aber plötzlich ein Sinneswandel mit dem scheinheiligen Angebot, sollte sich die Landtags-CSU auf keinen anderen Bewerber einigen können, wäre er notfalls bereit, das Ministerpräsidentenamt zu übernehmen.

Seehofer gab mit seinem Verhalten gegenüber Stoiber schon länger Rätsel auf. Er war auf dem Höhepunkt von Stoibers Krise der Einzige aus der Führungsspitze der CSU, der vorbehaltlos hinter diesem stand. Vor und nach Stoibers Rücktritt betonte Seehofer auffällig oft, er halte dies für eine falsche Entscheidung. Dann im Sommer 2007, während des Wettkampfs um den CSU-Vorsitz, phantasierte er von 60 Prozent für die CSU, die zu Beginn des Jahres, noch unter Stoiber, auf ein Umfragetief von 45 Prozent abgesackt war. Selbst kurz vor der Landtagswahl 2008 legte er mit süffisantem Lächeln die Latte für Beckstein und Huber auf 52 Prozent. Die gelte es zu überspringen, um den Mythos der CSU zu wahren, betonte er. Das wirkte wie ferngesteuert durch Stoiber. Seehofer ruderte zwar dann, wie so oft, auf Nachfrage gleich wieder zurück und wollte das Ganze nur als »Ansporn für den Wahlkampf in schwierigen Zeiten« verstanden wissen. Seehofers mangelnde Distanz zum verstoßenen CSU-Herrscher verstärkte in der Partei das latente Misstrauen gegen ihn. Viele fragten sich, warum er plötzlich wieder als Stoibers Paladin auftrete. Zu gut war noch in Erinnerung, wie er sich früher öffentlich bei Sozial- und Gesundheitsfragen mit Stoiber stritt und es im November 2004 mit seinem Rückzug als gesundheitspolitischer Sprecher der CDU/CSU-Bundestagsfraktion sogar zum Bruch kommen ließ. Mit seinem undurchsichtigen Verhalten erwies Seehofer weder sich noch der CSU einen Dienst. Doch in der Krise hatte die verstörte Partei Sehnsucht nach einem neuen Alphatier. Der Egomane Seehofer besitzt Ausstrahlung, gilt als begnadeter Kommunikator und Menschenfischer, Eigenschaften, die sonst kaum einer hat in der CSU. Deshalb übertrug ihm die zutiefst verunsicherte Mehrheit der CSU-Mandatsträger neben dem Parteivorsitz auch noch das Ministerpräsidentenamt.

Das Scheitern von Günther Beckstein und Erwin Huber war vorprogrammiert. Sie hatten von Beginn an schwer an Stoibers Lasten zu tragen. Er hinterließ ihnen große Schuhe, und es fehlte beiden die Zeit hineinzuwachsen. Zu lange hatten die beiden im Schatten des großen Vorsitzenden gestanden und weitgehend widerspruchslos seine Politik vollzogen. Huber tat sich in der Folge besonders schwer. Ihm gelang es als CSU-Vorsitzenden nie, eigenes Profil zu entwickeln. Er ließ jede Strahlkraft vermissen und zeigte Angst vor der Größe des Amtes. Huber übernahm auch eine CSU-Landesleitung, die unter Stoiber nahezu aller strategischen Fähigkeiten beraubt worden war. Parteiarbeit wurde von der Staatskanzlei miterledigt, dort saßen die wahren politischen Berater. Im Franz Josef Strauß-Haus wurden unter Generalsekretär Söder nur noch amerikanisierte Stoiberkampagnen geplant. Noch bevor die CSU-Zentrale Profil gewinnen konnte, stand die Landtagswahl vor der Tür. Es gelang nicht, durchschlagende Strategien zu entwickeln. Huber und Christine Haderthauer wechselten hektisch die Themen, ohne griffige Slogans zu haben. Mal riefen sie den Kreuzzug gegen »Die Linke« aus und setzten dann wieder mit »Bayern wählen« lieber auf die längst verloren gegangene Einheit zwischen CSU und Bayern. Hinterher wurde diese Wahlkampfstrategie von Parteifreunden als »Flachkampf« verspottet.

Bei Hubers öffentlichen Auftritten fiel der Kontrast zu Stoiber besonders auf. Schon beim Betreten der Bühne wirkte er, nicht nur äußerlich, zwei Köpfe kleiner als Stoiber. Seine von unkoordinierten Handbewegungen begleiteten Reden mit niederbayerischem Zungenschlag besaßen weder Ausstrahlung noch Überzeugungskraft. Während seiner öffentlichen Auftritte stand Huber meist angestrengt auf Zehenspitzen hinter dem Podium, eine Körperhaltung, die jede Dynamik verhindert. All das wäre aber noch zu verschmerzen gewesen, wenn er sich nicht auch noch in den Fallstricken der Altlasten Stoibers verheddert hätte. Das fing beim Transrapid an und endete bei der Landesbank. Zudem konnte Huber seinen Ruf als scharfer Vollstrecker der Spar- und Reformpolitik nicht abstreifen. Er war von 2003 an von Stoiber als »Minister für Verwaltungsreform« enorm unter Druck gesetzt worden. Als solcher funktionierte er ganz im Sinne seines Chefs und peitschte in scharfem Tempo den Umbau der Staatsverwaltung voran. Zum Zwecke einer ehrgeizigen Haushaltssanierung hagelte es Kürzungen bei staatlichen Zuschüssen, vom Blindengeld bis zu Straßenbaumitteln. Zahlreiche Proteste betroffener Gruppen und Standesorganisationen wurden ignoriert. Im Auftrag seines Herrn wies Huber Einwände in scharfem Ton zurück. Das wirkte draußen als »Arroganz der Macht«. Diese Schatten seiner Vergangenheit wurde Huber nicht los. Das gelang ihm auch nicht, als er im November 2005 aus Stoibers direkter Nähe von der Staatskanzlei ins Wirtschafts- und Verkehrsministerium wechselte. Dort fiel er hauptsächlich durch eifriges Verteidigen des Transrapid auf.

Huber blieb auch nach dem Rücktritt Stoibers und seiner Wahl zum CSU-Vorsitzenden in der bayerischen Landespolitik und wechselte als Finanzminister ins Kabinett Beckstein. Dies obwohl ihm Bundeskanzlerin Merkel massiv davon abgeraten hatten. Als Parteivorsitzender könne er hier kein Profil entwickeln, er müsse entweder ins Bundeskabinett aufrücken oder das Amt eines Fraktionsvorsitzenden im Bayerischen Landtag übernehmen. Doch Huber hatte wohl erkannt, dass ihm als Fraktionschef die Fähigkeit zum Integrieren fehle und in Berlin hätte er seinen Freund Michael Glos aus dem Amt drängen müssen. Als Finanzminister in Bayern hatte Huber zwar das Glück, die Früchte der strengen Haushaltspolitik zu ernten und zudem, dank anspringender Konjunktur, über sprudelnde Steuereinnahmen verfügen zu können, doch bald schon hing ihm die Bayerische Landesbank am Hals. Erst als es schon zu spät war, gab er zu, dass vielleicht mit den rigiden Reformen den Bürgern doch zu viel zugemutet worden sei. Huber ist dann am stärksten, wenn er mit einer bis zur Selbstaufgabe reichenden Loyalität Stärkeren dienen kann, zum Führen aber war er nie geeignet.

Erwin Huber und Günther Beckstein versuchten sich von Edmund Stoiber abzusetzen. Nach der zuletzt gescheiterten Übermacht eines großen Vorsitzenden setzten sie bewusst auf Teamwork. Der Begriff des Tandems wurde geboren und anfangs von den beiden auch gepflegt. Eine unglückliche Wortwahl, die bald zum Synonym für unabgestimmtes Handeln wurde. Wer sitzt vorn und wer hinten? Der eine lenkt, der andere strampelt nur mit. Zwei müssen versuchen, die Kraft des einen zu ersetzen. Vergleiche, die sich mehrten, als sich die Anzeichen mehrten, dass da zwei mit zu kurzen Beinen in die Pedale traten. Beide standen sie zwar für einen neuen Stil und waren so ganz anders als der zunehmend überheblich auftretende Edmund Stoiber. Doch schon bald zeigte sich, da waren zwei völlig unvorbereitet gestartet und ohne ausreichendes Selbstbewusstsein.

Beckstein stand von Beginn an unter kritischer Beobachtung. Seiner Berufung waren ja anachronistische Diskussionen vorausgegangen. Kann ein evangelischer Franke Ministerpräsident von Bayern werden? Eignet sich dieser etwas zerknautscht, anderseits aber vertrauenswürdig wirkende Typ zum repräsentativen Regierungschef? Besitzt er die Kraft, sich von Stoiber zu lösen? Schon Becksteins Kabinettsbildung missriet. Er setzte zu wenig eigene Akzente und überging die Riege der Ausschussvorsitzenden im Landtag komplett. Das brachte ihm Ärger ein und schon nach wenigen Wochen war beim neuen Ministerpräsidenten der erste Lack ab. Es zeigte sich auch, dass ihm Stoiber vor seinem Abgang noch einige Zugeständnisse abgetrotzt hatten. Beckstein musste Stoiber versprechen, Martin Neumeyer in der Staatskanzlei zu belassen, im Range eines Amtschef im wichtigen Bundesrats- und Europaministerium. Auch Generalsekretär Markus Söder erhielt einen Kabinettsposten, weil Stoiber das zur Bedingung gemacht hatte.

Beckstein verriet nicht, womit er unter Druck gesetzt wurde. War das vielleicht der Preis dafür, dass sein beleidigter Vorgänger versprochen hatte, öffentlich keine schmutzige Wäsche zu waschen? Beckstein plauderte aus, mit welcher Unverschämtheit er sich von Söder bei der Kabinettsbildung erpressen lassen musste. Der Stoiberianer beharrte nämlich auf einen Ministerrang, als Beckstein ihn nur als Staatssekretär in der Regierungszentrale unterbringen wollte. Notgedrungen wurde er zum Bundesrats- und Europaminister ernannt und bildete ein Gespann mit Stoibers treuem Neumeyer. Ein gefährliches Duo in der Bayerischen Staatskanzlei, das zudem verfeindet war mit dem eher konservativen Flügel unter Schön. Beckstein merkte zwar schnell, welche Probleme dadurch in der Alltagsarbeit entstanden, hatte aber weder den Mut noch die Durchsetzungskraft, personelle Veränderungen vorzunehmen. Zu stark war der lange Arm von Edmund Stoiber, dessen Getreuen im gesamten Regierungsapparat saßen. Beckstein hatte in die Staatskanzlei nur seine beiden Presseleute mitgebracht, es fehlten auf ihn zugeschnittene politische Berater.

Hinzu kam, dass er Beratung nicht sehr aufgeschlossen gegenüberstand. »Er lässt sich schwer was sagen«, stöhnten seine engsten Mitarbeiter. Plötzlich entwickelte Beckstein auch ein Misstrauen gegenüber Spitzenbeamten, die schon unter Stoiber in der Staatskanzlei dienten. Er suchte deshalb nicht ihren Rat, was einerseits wegen seiner zuletzt schlechten Erfahrungen mit Stoiber verständlich war, andererseits aber die Qualität mancher seiner Reden und Entscheidungen minderte. Beckstein wurde beim Einzug in die Staatskanzlei ins kalte Wasser geworfen. Vorher war er ziemlich monothematisch auf Innen- und Sicherheitspolitik zentriert und hatte deshalb vorsorglich ab Januar 2007 begonnen, sich einzulesen in neue Sachgebiete von der Agrar- bis zur Sozialpolitik. Doch als er dann wirklich in der Verantwortung stand, vermisste er politische Zuarbeit. Viel zu viel blieb an ihm selbst hängen, er bekam den Apparat der Staatskanzlei nicht richtig in Griff. Dadurch geriet er unter Druck und versuchte dies durch hektische Aktivitäten auszugleichen. Jeden Tag müsse eine Presseerklärung von ihm bundesweit laufen, ordnete er an und glaubte, damit seine Bedeutsamkeit zu erhöhen.

Mit großem Fleiß nahm Beckstein viel zu viele Termine war, er wollte sich den Bürgern zeigen, »bei den Menschen sein«. Darin lag seine größte Stärke. Sein Auftreten war ein ganz anderes als das Stoibers. Beckstein konnte zuhören, war frei von Allüren und ignorierte staatsmännischen Pomp. Ihm haftete nichts Asketisches oder Kopfgesteuertes an. Er redete allerdings auch ziemlich ungesteuert in jedes Mikrofon, das ihm hingehalten wurde, machte aus seinen Gefühlen selten einen Hehl und neigte zu spöttischen, sarkastischen oder scheinbar lockeren Bemerkungen. Allmählich häuften sich kleinere und größere Fehler, und es zeigte sich, dass die Abstimmung mit Erwin Huber nicht funktionierte. Weniger in der grundsätzlichen Politik, die war sowieso noch aus gemeinsamen Zeiten im Kabinett Stoiber vorgeprägt, aber im Reagieren auf aktuelle Ereignisse.

Die CSU spürte in den ersten Monaten nach Stoiber plötzlich Gegenwind. Die nahenden Kommunalwahlen vom März 2008 signalisierten, dass die Bürger hier auch über Landespolitik abstimmen würden. Zehn Tage vorher missriet der gemeinsame Auftritt von Beckstein und Huber beim politischen Aschermittwoch. Beide dilettierten mit kaum aufeinander abgestimmten Reden, der völlig überforderte Huber schnitt noch wesentlich schlechter ab als der biedere Beckstein. Dann verlor die CSU bei der Kommunalwahl überraschend fünf Prozentpunkte und erreichte nur noch 40 Prozent. Bei zurückgehender Wahlbeteiligung demonstrierten die bayerischen Wähler eine ungewohnte Wechselfreude. Wie auch ein halbes Jahr später bei der Landtagswahl profitierten vor allem die Freien Wähler und die FDP von den Verlusten bei CSU und SPD. Beckstein und Huber reagierten aufgeschreckt. Während Ministerpräsident Beckstein im heimischen Nürnberg, wo die CSU zu den Verlierern gehörte, seine Enttäuschung kundgab, blamierte sich in München Parteichef Huber mit zweckoptimistischen Äußerungen und sah seine Partei sogar als Sieger.

Noch im Schock der landesweiten Niederlagen wurden Korrekturen beim Nichtraucherschutzgesetz angekündigt. Das hatte in den Wochen zuvor für viel Ärger gesorgt. Die neue Staatsregierung hatte Ende 2007 das noch unter Stoiber konzipierte Gesetz beschlossen und an den Landtag weitergeleitet. Dort zeigte sich aber, dass die Regelung, Rauchen nur noch in abgetrennten Nebenräumen von Gaststätten und in Bierzelten zuzulassen, auf Unverständnis vieler ländlicher Abgeordneter stieß. Die sahen darin eine Wettbewerbsverzerrung, da viele kleinere Landgaststätten oder städtische Kneipen ohne Nebenraum zur Rauchfreiheit verpflichtet wären und deshalb Kundschaft verlieren würden. In einem regelrechten Gleichheitswahn beschloss daraufhin die CSU-Landtagsfraktion ein generelles Rauchverbot in allen gastronomischen Einrichtungen, einschließlich Bierzelten, auch auf dem Oktoberfest. Unter Rauchern brach ein Sturm der Entrüstung los, geschickt gesteuert von der Wirtelobby. Becksteins und Hubers Einknicken nach der Kommunalwahl untergrub ihre Autorität und wurde höhnisch kommentiert. Vor allem weil für das Münchner Oktoberfest eine sofortige Ausnahmegenehmigung erteilt wurde.

Anfang April war die CSU bei einer landesweiten Umfrage auf 50 Prozent abgesackt, sechs Prozent weniger als noch zu Jahresbeginn. Beckstein stürzte bei der Frage, wie zufrieden die Bürger mit seiner Politik seien, um ein ganzes Drittel auf 40 Prozent ab, nicht einmal die Hälfte der Befragten stellte der Bayerischen Staatsregierung ein gutes Zeugnis aus. Es war die Quittung für Transrapid, Landesbank und Rauchverbot. Bei allen drei Themen war es Beckstein und Huber nicht gelungen, eine eigenständige Linie zu fahren, sie wirkten als Getriebene einer alten Politik. Plötzlich waberten wenige Tage vor einer Vorstandsklausur der CSU in Wildbad Kreuth wieder einmal Putschgerüchte durch die Medien. Von den »drei S« war die Rede, die im Hintergrund schon an den Stühlen des unglücklich agierenden Spitzenduos sägten. Die »drei S« standen für Stoiber, Seehofer und Söder. Die Reaktion auf diese als »Unsinn« zurückgewiesenen Schlagzeilen war ein jäher Ausbruch an Geschlossenheit in der CSU-Vorstandschaft.

Das Tandem Beckstein/Huber erhielt einstimmig den Auftrag, fünf Monate vor der Landtagswahl unter dem Slogan »Sicherheit geben, Werte bewahren, Chancen schaffen« zum Sieg zu strampeln. Doch die CSU blieb verunsichert, vor allem die beiden Männer an der Spitze. Auf ersten gemeinsamen Wahlplakaten wirkten sie wie ein Seniorenpaar. Der Begriff des Tandems wurde daraufhin offiziell fallen gelassen, plötzlich war nur noch von der Doppelspitze die

Rede. Mehr und mehr wurde aber inzwischen auch parteiintern über die Fehler der beiden diskutiert. Über ihre ständige Angst beispielsweise, in der Nachfolge von Stoiber etwas falsch zu machen, über ihre Überforderung mit dem Platz in der ersten Reihe zurechtzukommen und über erste Zerwürfnisse. Dieser Eindruck war entstanden, weil Beckstein sowohl beim Transrapid wie auch bei der Landesbank die Flucht nach vorne angetreten und mit ebenso ehrlichen wie forschen Äußerungen, auf Kosten des zögerlich taktierenden Huber, zu punkten versucht hatte.

Auch im Landtagswahlkampf konnte die CSU keine Dynamik entwickeln. Die Auftritte von Beckstein wie Huber blieben farblos. Beckstein wirkte in seinem Bemühen noch ehrlicher, riss aber die Massen nicht mit. Huber dagegen war noch immer nicht im neuen Amt angekommen und wirkte orientierungslos. Die verzweifelten Versuche misslangen, als CSU-Chef auch in Berlin zu punkten und Forderungen auf den Tisch zu knallen. Die Kampagne zur Wiedereinführung der alten Pendlerpauschale wurde von vielen Bürgern als unglaubwürdig eingestuft, weil die CSU bei deren Abschaffung in vorderster Reihe mitgewirkt hatte. Auch das groß angekündigte CSU-Steuerkonzept »Mehr Netto für alle« klang zwar gut, aber es folgten keine durchschlagenden Taten, weil in Berlin Angela Merkel keine Notwendigkeit sah, der wahlkämpfenden CSU unter die Arme zu greifen. Das ärgerte zwar viele in der Partei, doch die Christsozialen hatten in Berlin, mitverursacht durch Stoibers Zickzackkurs, längst an Macht und Einfluss eingebüßt. Als die Kanzlerin im Juli 2008 Stargast des CSU-Parteitags in Nürnberg war, lag ihr die Schwesterpartei zu Füßen und musste erkennen, dass sie dem Format, dem Auftreten und der Ausstrahlung von Merkel nichts entgegenzusetzen hatte. Die CSU war in der Berliner Koalitionsregierung nur noch Mitläufer, ohne wirklich prägende Gestaltungskraft.

Ihr Spitzenduo steckte zu sehr in bayerischen Problemen und kämpfte mit sinkenden Umfragewerten.

Plötzlich mehrten sich die Vergleiche mit Stoiber. Beckstein fehle das »Staatsmännische«, kommentierten die gleichen Medien, die vorher Stoibers »Hofhaltung« kritisiert hatten. Beckstein musste sich in der CSU-Landtagsfraktion vor versammelter Mannschaft vom immer noch chronisch enttäuschten Ex-Justizminister Alfred Sauter süffisant seinen schlampigen Kleidungsstil vorhalten lassen. In der Folge plauderte der geschwätzige Beckstein aus, dass er jetzt seine Anzüge nicht mehr im mittelfränkischen Fabrikverkauf erstehe, sondern auf eine teure Edelmarke umgestiegen sei. Das Ministerpräsidentamt verlange Stil und Ausstrahlung hieß es plötzlich, und immer mehr »Stilberater« zerrten plötzlich an dem vorher so erfrischend uneitlen Franken herum. Beckstein veränderte sich. Ihm war anzusehen, welche Verantwortung auf seinen Schultern lastete. Je schlechter die Umfragewerte und je näher der Wahltag, desto stärker erhöhte er das Tempo. Er durchpflügte den Freistaat, bürdete sich einen mörderischen Wahlkampf auf und erschien immer grauer und älter. Sein ehrliches Bemühen war erkennbar, seine Handschrift nicht. Er war nur noch am Reparieren und gestand zu viele Fehler der Vergangenheit ein, ohne gleich durchschlagende Lösungen anbieten zu können. Seine eifrigen Aktionen wurden zwar wahrgenommen, aber nicht honoriert. Denn längst stand nicht mehr der objektiv gute Zustand des Freistaats auf dem Prüfstand, sondern es dominierte das Gefühl, dass Bayern durch die Stoiber-CSU zu lange von oben herab regiert worden war. Die wenig überzeugenden Auftritte von Parteichef Huber und dessen zwar selbstbewusster, aber öffentlich kühl und berechnend wirkender Generalssekretärin Haderthauer konnten die allgemeine Stimmung gegen die CSU auch nicht wenden.

Plötzlich wurde auch die zuvor gepriesene »andere Art« des neuen Ministerpräsidenten negativ wahrgenommen. Sein Anfangsbonus war verbraucht, Nebensächlichkeiten wurden hochstilisiert. Die letzten Umfragen vor der Wahl signalisierten der CSU ein Wahlergebnis unter 50 Prozent. Allerdings bekannten auch viele Befragte, sie seien noch nicht entschlossen. Die letzten Eindrücke und Aktionen konnten also durchaus noch Einfluss haben. Genau da unterliefen Beckstein und seinem PR-Apparat zwei gravierende Fehler, »Dirndl-Gate« und »Maßkrug-Affäre«. Beim ersteren Thema rückte Marga Beckstein wieder einmal in den Mittelpunkt. Sie entsprach so gar nicht dem Bild einer »Landesmutter«, wie es Karin Stoiber perfektioniert hatte. Becksteins Frau war immer unabhängig von der Karriere ihres Mannes und als Seminarrektorin zur Ausbildung von Grundschullehrern tätig. Nur widerwillig, was ihr des Öfteren auch anzusehen war, fügte sie sich in die neuen Pflichten als Ministerpräsidentengattin. Nachdem Beckstein einmal zu oft erzählt hatte, dass bei ihm zu Hause Marga die Hosen anhabe und ihn durchaus in politischen Fragen berate, sogar bisweilen unter Druck setze, wurde die Frau an seiner Seite von den Medien schärfer beobachtet. Sie hatte aber keine Lust, die Rolle zu spielen, die von ihr erwartet wurde.

Besonders die Münchner Boulevardzeitungen beobachteten mit Argusaugen, wie sich die neue bayerische »First Lady« bei bestimmten Anlässen kleidete. Der eher biedere Kleidungsstil wurde vergleichend kommentiert. Marga Beckstein widersetzte sie sich auch den Wünschen, beim Oktoberfestanstich im Dirndlgewand neben ihrem Mann zu erscheinen, der von Amts wegen einen ungewohnten Trachtenanzug tragen musste. Als sie beharrlich dabei blieb, die Kleiderfrage selbst zu entscheiden, wurde das tagelang genüsslich in den bayerischen Tageszeitungen kommentiert. Obwohl

Frau Beckstein dann in durchaus »Wiesn«-gerechter »Landhausmode« erschien, merkte Münchens SPD-Oberbürgermeister Christian Ude bei der Liveübertragung vor einem Millionenpublikum an »jeder darf dokumentieren, dass er nicht dazugehört«. Bayern wurde seinem Ruf als besonderer Freistaat wieder einmal gerecht und unter Stoiberanhängern hieß es: »bei Karin wäre so etwas nicht passiert«.

Kurz zuvor war Günther Beckstein seine lockere Zunge zum Verhängnis geworden. Als er bei einem Bierzeltauftritt für die Fotografen zwei Maß stemmen sollte, entfuhr ihm die als Scherz gedachte Bemerkung, »bei so schlecht eingeschenkten Krügen können man auch mit zwei Maß Bier noch Auto fahren«. Seine zusätzliche Anmerkung, natürlich sollte niemand mit Alkohol ans Steuer, ging unter. Als daraus Schlagzeilen wurden, redete sich Beckstein um Kopf und Kragen. Anstatt die Lunte sofort auszutreten und sich für seinen Lapsus zu entschuldigen, erklärte er wortreich, »dass man nur lange genug im Bierzelt sitzen bleiben müsse, dann sei es möglich, mit zwei schlecht eingeschenkten Maß noch Auto zu fahren« und auf dem Oktoberfest »würde sowieso so schlecht eingeschenkt, dass dies keine zwei Liter Bier wären«. Die angeblich autofahrerfreundliche »Beckstein-Maß« wurde zum Kult und der Ministerpräsident zum Gespött.

Beckstein und seinen Leute fehlte wenige Tage vor der Landtagswahl die Professionalität, dem verheerenden Medienecho entgegenzuwirken. Es häuften sich die Kommentare von Drogenbeauftragten, Jugendschützern und Polizeigewerkschaftlern. Beckstein musste sich Verantwortungslosigkeit und Verharmlosung von Alkoholproblemen vorwerfen lassen. Auch im Fernsehduell des bayerischen Ministerpräsidenten mit dem SPD-Oppositionsführer, konnte er nicht entscheidend punkten.

Nach der Landtagswahl und der erzwungenen Aufgabe des fränkischen Ministerpräsidenten bekannten teilweise mehr als zwei Drittel der Befragten, sie hätten sich durchaus Beckstein weiter als Ministerpräsident einer Koalitionsregierung gewünscht. Ziel der Wahlentscheidung sei nicht die Ablösung Becksteins gewesen, sondern das Ende der absoluten Mehrheit der CSU. Es wurde das »System Stoiber« abgewählt. Die Nachfolger mussten ausbaden, was Stoiber den Bayern über lange Jahre eingebrockt hatte.

Kapitel 15

»In Sorge um die Partei« – Die CSU vor einer schweren Zukunft

»Eine richtig gedeutete Niederlage ist besser als ein falsch gedeuteter Sieg.« Dieser Satz von Franz Josef Strauß kursierte in der CSU noch in der Wahlnacht. Der scheinbar überragende Wahlsieg von 2003, mit der Zwei-Drittel-Mehrheit im Bayerischen Landtag, wurde der CSU zum Verhängnis. Stoiber nahm ihn zum Anlass, egoistisch seine Macht auszuspielen und die satte Mehrheit seiner Fraktion folgte ihm willfährig. Die Quittung wurde bei der Landtagswahl 2008 ausgestellt. Die Wähler straften die unsensible Machtpolitik der letzten fünf Jahre und erwarteten einen anderen Politikstil. Doch die CSU hat das nicht verstanden. Sie zeigte in ihrer schwierigsten Phase eklatante Schwächen und niemand übernahm die Initiative für einen Neuanfang. Das abgestrafte Führungsduo Beckstein/Huber hatte verständlicherweise keine Kraft mehr, den Übergang zu gestalten, eine alternative Führungskraft aber fehlte. Dieses Vakuum füllte Edmund Stoiber, um im alten Stil Macht und Einfluss zu demonstrieren. Er wurde dabei seinem Titel »CSU-Ehrenvorsitzender« nicht gerecht, weil er getrieben war von dem Wunsch, sich für seine persönliche Schmach zu rächen. Geschickt nutzte er die Ohnmacht der vom Wahlschock paralysierten Partei aus und instrumentalisierte den CSU-Bezirk Oberbayern als Rammbock.

Mit Becksteins Entmachtung hat Stoiber sein Racheziel erreicht – und damit Gräben aufgerissen zwischen Oberbayern und Franken. Dabei hatte er in seiner Regierungszeit dank kluger Beratung erkannt, wie wichtig es ist, das Selbstbewusstsein der Franken zu stärken und die nordbayerischen Regionen stärker einzubinden. Auch den Aufbau der Metropolregion Nürnberg unterstützte er unter kräftiger Mithilfe Becksteins. All diese Erfolge riss er in den drei Tagen seines Rachefeldzugs nieder, Beckstein wurde gedemütigt, die Oberbayern beanspruchten schamlos die Macht. Stoiber hatte dabei innerhalb der CSU leichtes Spiel. Keiner fiel ihm in den Arm und wies ihn zurück, nur ein paar fränkische Abgeordnete muckten auf, aber das wurde als regionale Solidarität mit Beckstein abgehakt.

Die gesamte CSU bot ein erbärmliches Bild. Niemand aus der engeren Führung war in der Lage, Perspektiven aufzuzeigen, alle harrten unentschlossen der Dinge. Selbst die Rücktritte der Doppelspitze ließen Souveränität vermissen. Wenigstens der CSU-Vorsitzende Huber hätte am Morgen nach der Wahl erhobenen Hauptes vor die Öffentlichkeit treten und die Verantwortung für das Desaster übernehmen müssen, neben sich den designierten Nachfolger, also Horst Seehofer. Doch dazu kam es nicht. Erst einen Tag später, nach mehreren Krisensitzungen, warf Huber das Handtuch.

Seehofer startete daraufhin seinen Schlingerkurs rund um das Ministerpräsidentenamt und distanzierte sich nicht von den Hinterzimmeraktionen Stoibers. Zuerst präsentierte er sich in Berlin als designierter CSU-Chef und damit auch als Spitzenkandidat für die Bundestagswahl 2009. Er werde die Liste anführen, ließ er Landesgruppenchef Peter Ramsauer verkünden. Einen Anspruch auf das Amt des Ministerpräsidenten erhebe er nicht, hatte er tags zuvor in München versichert. Dort herrschte im CSU-Vorstand Einigkeit, dass Beckstein noch das Vertrauen der Wähler habe und für eine Übergangszeit weiter als Ministerpräsident fungieren könne. Als sich aber hinter den Kulissen Stoiber durchgesetzt hatte und Beckstein zum Aufgeben gezwungen wurde, änderte Seehofer seine Meinung. Weil plötzlich eine Reihe von halbstarken Kandidaten begann, untereinander um das Amt zu rangeln, erklärte Seehofer großmütig, sollten die sich nicht einigen können, stehe er selbstverständlich zur Verfügung. Damit stufte er sich öffentlich zum Ersatz und zur Notlösung ab, meinte aber das Gegenteil. Er musste nur warten, bis ihm das Amt zufiel. Denn der Wettstreit der Bewerber war unkoordiniert, peinlich und von regionalem Kleinklein dominiert.

Innenminister Joachim Herrmann wollte die Ehre der Franken wiederherstellen. Wissenschaftsminister Thomas Goppel meldete seine Ansprüche an, weil er befürchtete, der von ihm wenig geschätzte Markus Söder könnte kandidieren und das wollte er verhindern. In dieser unklaren Situation witterte in maßloser Selbstüberschätzung plötzlich auch sogar CSU-Fraktionschef Georg Schmid aus Schwaben seine Chance. Die Kandidatur für das wichtigste Amt im Freistaat wurde regelrecht verramscht. Söder kniff zwar und erkannte in seltener Weisheit, er müsse noch reifen, die anderen drei aber erklärten, ernsthaft zur Wahl des Ministerpräsidentenkandidaten antreten zu wollen. Als nach zwei Tagen Schmid seiner Kandidatur einen kleinlauten Rückzug folgen ließ, blieben immer noch zwei Bewerber übrig – und der »Ersatz« Seehofer. Der wartete weiter ab und verordnete sich, völlig ungewohnt, ein Schweigegelübde, während die beiden anderen für eine Doppelspitze mit dem designierten CSU-Chef Seehofer warben.

Es gab keine strategisch überzeugende Antwort auf die Frage, ob es besser sei, den designierten Parteivorsitzenden als Zugpferd für die schwierige Bundestagswahl 2009 in Berlin zu platzieren und in München einen Landespolitiker mit dem Ministerpräsidentenamt zu betrauen, oder ob die CSU wieder einen starken Mann für beide Ämter brauche. Die Oberbayern preschten vor, weil Stoiber für seinen Schützling Seehofer Druck machte. Auch viele andere CSU-Bezirksverbände verfolgten vorrangig eigene Interessen und versuchten, sich im bevorstehenden Gerangel um Posten zu positionieren. Nur die Franken beharrten überwiegend auf einer Doppelspitze, in der Hoffnung, mit Herrmann wieder einen der ihren zu inthronisieren. Selbst der chancenlose Wissenschaftsminister Goppel, der sich ja nicht einmal bei der Bewerbung zum CSU-Bezirksvorsitzender von Oberbayern durchsetzten konnte, durfte tagelang auf seiner Rolle als Kandidat beharren, wohl weil er hoffte, sich damit erneut für einen Kabinettsposten zu empfehlen. Dabei war früh klar, dass dieser vermeintliche Konkurrenzkampf nicht in einer demokratischen Abstimmung enden würde. Eine geheime Wahl in der CSU-Landtagsfraktion hätte eine gefährliche Spaltung nach sich gezogen und alle drei Bewerber beschädigt. Trotzdem blieb das peinliche Schauspiel sechs Tage lang auf dem Spielplan und das Publikum schüttelte fassungslos den Kopf. Der Rückzug von Herrmann und Goppel wurde dann als Zeichen von »Handlungsfähigkeit und Gestaltungskraft« verkauft und als Zeichen von demokratischer Kultur gefeiert. Zurück blieb mit Seehofer ein vermeintlich neuer starker Mann, der nicht von vorneherein für das Ministerpräsidentenamt gerufen wurde. Er schaffte es also nicht, sich aus eigener Kraft an die Spitze zu setzen.

Seehofers Aufstieg zum Ministerpräsidenten ist das Ergebnis von Intrigen, regionalen Machtspielen und der Führungslosigkeit, der einst unangefochtenen bayerischen Regierungspartei. Die hat die Zeichen der Zeit nicht erkannt und meint immer noch, in kleinen Hinterzimmerzirkeln könne die Macht verteilt werden. Für vernünftige politische Analysen nahm sich niemand Zeit, denn Stoiber erzeugte eine zerstörerische Unruhe, die alle erfasste. Stimmen der Vernunft gingen unter. Die CSU zeigte, dass sie nichts verstanden hat und nach alten Mustern Posten verteilt. Als sich dann alle gegenseitig erpresst und personelle Kompromisse ausgehandelt hatten, wurde das als große Geschlossenheit verkauft. Ansonsten durfte fast jeder politische Allgemeinplätze absondern von »Näher am Menschen« über »Mythos CSU« bis zu »Leben und Leben lassen«. Diese alten Rezepte taugen aber nicht mehr für die Zukunft.

Die CSU hat in ihrem verkorksten Landtagswahlkampf den Eindruck erweckt, als stünde nur der »Mythos CSU« zur Wahl. Es ging hauptsächlich um das Erreichen der »50 plus X«. Acht Wochen vor der Wahl hatte Beckstein erkannt, dass vielleicht mehr Bescheidenheit angebracht war. Als er vorsichtig andeutete, dass er auch mit einem Ergebnis unter der 50-Prozent-Marke leben könnte, solange es ihm die absolute Mehrheit der Sitze im Landtag sichere, stellte ihn Stoiber vor großem Publikum erbost zur Rede. Beim Sommerempfang des Landtagspräsidenten redete er wild gestikulierend auf Beckstein ein, und es war ihm durchaus recht, dass dies ein größerer Kreis mitbekam und auch in den Medien seinen Niederschlag fand. Von da an malten Huber und vor allem Beckstein den Untergang Bayerns an die Wand, wenn die CSU unter 50 Prozent fallen oder gar in eine Koalition gezwungen würde. »Einen anständigen Bayern schüttelt es beim Gedanken an eine Koalition«, tönte der fränkische Ministerpräsident bei seinen Wahlkampfauftritten. Die CSU-Spitze wollte nicht wahrhaben, dass es längst um etwas anderes ging. Die Wähler waren es leid, von einer absoluten Mehrheit regiert zu werden.

Die Zeichen der Zeit hätte die CSU schon bei der Kommunalwahl im März erkennen müssen. Dort wurde klar, wohin die Reise gehen würde. Die bürgerlichen Wähler zeigten keine Scheu, anderen Parteien und Wählergruppierungen als der CSU ihre Stimmen zu geben. Doch die CSU vertraute nicht nur bei den Politikrezepten zu sehr auf überkommene Erfolgsmuster, auch im Kampf um die Landtagskandidaturen setzten sich wieder zu viele ergraute und langweilige Platzhirsche durch. Junge und engagierte Nachwuchskräfte blieben auf der Strecke. Erneut wurden viel zu wenig Frauen bei der Vergabe von sicheren Stimmkreisen berücksichtigt und nur mit unsicheren Listenplätzen abgespeist. Bei dem schlechten Wahlergebnis schafften es mit Landtagsvizepräsidentin Barbara Stamm und Justizministerin Beate Merk nur zwei prominente Bewerberinnen über ein Listenmandat, viele andere engagierte Frauen verloren ihren Platz im Landtag. Insgesamt büßte die CSU 32 Sitze ein. Die Zusammensetzung der CSU-Fraktion im Landtag entspricht längst nicht dem Querschnitt der Bevölkerung, der Altersschnitt ist zu hoch, der Frauenanteil ist zu niedrig. Aus dem bürgerlichen Lager wanderten Scharen zu Liberalen und Freien Wähler ab und zwangen die CSU zu einer Koalitionsregierung.

Auch wenn Edmund Stoiber die geschockte Partei noch einmal in seinem Sinne steuerte, die Ära der alten Führungsfiguren ist vorbei. Stoiber hat sein Lebenswerk auch dadurch abgewertet, dass er keine Nachwuchspflege betrieb. Unter Strauß war das anders. Der scharte ab 1970 eine Riege hoffnungsvoller Jungpolitiker um sich, die von ihm begeistert waren, als »seine Schüler« aber auch gefördert wurden. Stoiber war einer von ihnen, aber auch Wiesheu, Tandler, Gauweiler. Andere Talente, die etwas mehr Distanz zu Strauß hatten, konnten sich trotzdem entwickeln, Waigel, Glück, Zehetmair, Berghofer-Weichner. In Stoibers Regierungszeit wurden solche prägenden und unverwechselbaren Figuren immer seltener, er förderte Anpassung und Gefolgschaft. Allein die Tatsache, dass das kommunikative Talent Markus Söder als einzige Hoffnung einer jüngeren CSU-Generation genannt wird, zeigt, wie sehr in der CSU Persönlichkeiten mit einem tragbaren Wertegerüst fehlen. Söder gilt als geschmeidiger Politiker ohne eigene Konturen und trug als Generalssekretär entscheidend mit dazu bei, dass die Partei zu einem Club von Claqueuren herabgestuft wurde.

Die Personaldecke der CSU ist dünn. Es fehlt an Politikern mit Ausstrahlung. Viele, wie Innenminister Herrmann, Kultusminister Schneider, Sozialministerin Stewens, Justizministerin Merk und

Wirtschaftsministerin Müller, von all den anderen ganz zu schweigen, strahlen über ihre im Amt erworbene Fachkompetenz hinaus nicht viel aus. Andere Kabinettsmitglieder fallen noch weniger auf. Es mangelt der CSU auch an funktionierenden inhaltlichen Netzen, der Partei fehlen inzwischen sogar regional prägende Figuren. Die gibt es weder bei den Frauen noch bei den Ausschusschefs im Landtag und schon gar nicht bei den Bezirksvorsitzenden. Zu sehr und zu lange blieb alles auf Stoibers Staatskanzlei zugeschnitten, und innerparteilich herrschte eine Demokratie des Abnickens. Eine große Enttäuschung war die Landtagsfraktion. Dort kam Masse vor Klasse. Von der parlamentarischen Mehrheit gingen kaum Ideen für den politischen Alltag aus, weniger denn je fand außerhalb der verordneten Aktionseinheit mit der Staatsregierung eine wirkliche Kontrolle statt. Die Abgeordneten muckten erst auf, als Stoiber den Ruf der CSU massiv beschädigt hatte. Doch selbst in der größten Krise ließ sich die Mehrheitsfraktion seine Bedingungen diktieren und ordnete sich einem Gescheiterten noch neun Monate unter. Es fehlte an Selbstbewusstsein und Selbstachtung, die Angst vor einer Zerreißprobe und einer offenen Konfrontation war zu groß, und die designierten Nachfolger waren zu schwach, um die Führung zu übernehmen.

All das rächte sich und jetzt starrt die CSU erstaunt auf den verloren gegangen »Mythos«, den sie schon lange vor der Schicksalswahl 2008 verspielt hat. Die Partei scheute sich, Fehler und Versäumnisse offen anzusprechen. Erneut lautete die scheinbar altbewährte Devise, möglichst schnell nach außen Geschlossenheit demonstrieren und den Rest in den Hinterzimmern erledigen. »Konservativ heißt an der Spitze des Fortschritts zu marschieren«, dieser Spruch von Strauß taugte lange für die Alltagspolitik. Doch Bayern hat sich gewandelt, nicht aber die CSU. Es fehlt ihr eine Mitte und es mangelt ihr an der Bindung zur Mitte der Gesellschaft. Hinzu kam erneut eine unchristliche Stillosigkeit im Umgang mit Personen und Ämtern.

Das Beben der Wahlniederlage vom September 2008 hat die CSU stärker erschüttert, als sie wahrhaben will. Solange das nicht grundlegend aufgearbeitet wird und solange nur vordergründig Sündenböcke benannt und abgesetzt werden, aber keine Ursachenanalyse stattfindet, wird es die CSU schwer haben. Das Volk hat absolute Mehrheiten satt und keine Sehnsucht nach einem Politikstil, wie ihn Edmund Stoiber zu lange praktiziert hat. Die bescheidenere und volksnähere Art Günther Becksteins wurde zwar als wohltuend wahrgenommen, aber der Abwärtstrend der CSU war nicht zu stoppen. Zu groß waren die Nachwehen der noch von Stoiber getroffenen Entscheidungen, und seine Nachfolger ließen keine inhaltliche Neuausrichtung erkennen. Nicht Beckstein und Huber haben die Wahl verloren, sondern die gesamte CSU – und die wurde zu lange von Stoiber dominiert. Seine Fehler machten seinen Rücktritt unumgänglich, die Partei verzichtete anschließend auf eine Abrechnung mit ihm, zumindest Lehren hätte sie aus seinem Scheitern ziehen müssen. Umgekehrt schien sich auch Stoiber daran zu halten und trat zunächst nicht nach. Doch ein Jahr nach seinem Rücktritt zeigte er sein zweites Gesicht. Er ließ Format und Größe vermissen, als er »in Sorge um die Partei« stillos nachgetreten hat, nicht offen, sondern hinter den Kulissen. Das war mehr als nur oberbayerisches Gehabe, das geschah aus persönlichen Motiven. Er hat damit seinem Ansehen und seinem Lebenswerk geschadet.

1
2
3
4
5

Dank

Ich danke allen, die sich mit mir ehrlich und weniger ehrlich über Edmund Stoiber unterhalten haben.

Ilse Aigner, Günther Beckstein, Roland Berger, Kurt Faltlhauser, Peter Gauweiler, Karolina Gernbauer, Thomas Goppel, Alois Glück, Rainer Haselbeck, Peter Hausmann, Joachim Herrmann, Michael Höhenberger, Monika Hohlmeier, Erwin Huber, Ernst Hinsken, Jakob Kreidl, Stefan Müller, Martin Neumeyer, Oliver Platzer, Peter Ramsauer, Friedrich Wilhelm Rothenpieler, Alfred Sauter, Wilfried Scharnagl, Karl-Michael Scheufele, Peter Schmalz, Georg Schmid, Eberhard Sinner, Michael Skasa, Markus Söder, Barbara Stamm, Christa Stewens, Hans Spitzner, Ludwig Stiegler, Theo Waigel, Manfred Weiß, Guido Westerwelle, Otto Wiesheu, Josef Widmesser, Ulrich Wilhelm, Christian Wulff, Hans Zehetmair und Edmund Stoiber.